Dr. Peter Nov

Bergtourenführer Allgäuer Alpen

Die schönsten Bergwanderungen in den Allgäuer Alpen. Mit farbigen Kartenausschnitten und genauer Routenbeschreibung.

AVA
VERLAG ALLGÄU

AVA Verlag Allgäu · Postfach 31 53 · 87440 Kempten im Allgäu

Liebe Berg- und liebe Wanderfreunde!

Damit sind natürlich genauso die Damen, Jugendlichen und Kinder angesprochen, dür die in diesem Bergtourenführer auch viele Möglichkeiten aufgezeigt sind.

»Wer kennt die Gipfel, nennt die Namen…«, so könnte man abgewandelt sagen, wenn man auf einem der Allgäuer Gipfel steht und in die Runde blickt. Einerseits zufrieden über den eben erklommenen Berg, anderseits voll Sehnsucht beim Anblick des Panoramas ringsherum, genießt man eine der schönsten Landschaften Deutschlands, das Allgäu, von oben. Der Blick gleitet über Berge und Täler, über Grate, Alpen und Seen. Die Blumenpracht, für die das Allgäu bekannt ist, trägt vom Vorsommer bis in den Herbst hinein als bunter Rahmen zu dem Motto des Deutschen Alpenvereins bei: ***»Der Weg ist das Ziel«***.

Dieser Führer stellt Ihnen eine Auswahl von Berg- und Wandertouren vor, die von »einfach« bis »mittelschwer« für jeden etwas bringen. Damit verknüpft ist die Hoffnung, einige Touren zu zeigen, für die man keine Überhänge klettern oder Abseilmanöver machen muß, sondern die von trittsicheren und ausdauernden Wanderern zu machen sind.

Dies ist kein Führer im engeren Sinn, bei dem jeder Handgriff beschrieben ist. Vielmehr soll er einfach eine Anregung sein, was man bei der nächsten zeitlichen Möglichkeit so machen und wie die Tour verlaufen könnte. Auch die Kartenausschnitte sind so zu verstehen. Sie ersetzen eine Wanderkarte nicht, die ich mitzunehmen sehr anraten möchte.

Was die Bergausrüstung angeht, so glaube ich, daß wohl die meisten Berggänger das Richtige angezogen bzw. im Rucksack verstaut haben. Leider deuten Berichte in den Medien immer wieder darauf hin, daß von einigen unerfahrenen Wanderern weder dem richtigen Schuhwerk, noch dem Wetterschutz und der Verpflegung das richtige Augenmerk gewidmet wird. Viele Unfälle könnten einfach dadurch ver-

mieden werden, daß man die Berge und deren Gefahren ernst nimmt und die Touren, auch auf einfachere Gipfel, nicht unterschätzt.

Dieser Führer erhebt keinen Anspruch auf Vollständigkeit im weitesten Sinne. Vor allem sind die angegebenen Zeiten nur durchschnittlich und ***ohne Pausen*** gerechnet. Sie können je nach Kondition und Ausdauer des jeweiligen Wanderers sowohl über-, wie auch unterschritten werden.

Und nun wünsche ich Ihnen viel Freude und Vergnügen bei einem sehr schönen Hobby, dem Bergsteigen.

Ihr Dr. Peter Nowotny
Rettenberg

In Gerstruben mit Blick auf die Höfats

Impressum

Herausgeber: AVA Verlag Allgäu GmbH
Postfach 31 53
87440 Kempten/Allgäu
Telefon: 08 31 / 571 42-0
Telefax: 08 31 / 790 08

Redaktion & Layout: Peter Langhammer

Anzeigenberatung: Wolfgang Niebele

Titelbild: Weg zum Waltenberger Haus

Texte + Fotos: Dr. Peter Nowotny

Kartenskizzen: Wurden ausschließlich aus AVA-Zumstein-Wanderkarten entnommen.

Satz + Litho: AVA Verlag Allgäu GmbH
Porschestraße 2
87437 Kempten/Allgäu

Herstellung: KKW-Druck GmbH
Porschestraße 2
87437 Kempten/Allgäu

ISBN-Nr.: 3-924809-95-x

Die Ausarbeitung aller in diesem Führer beschriebenen Touren erfolgte nach bestem Wissen und Gewissen des Autors. Die Benützung des Führers geschieht auf eigene Gefahr. Soweit gesetzlich zulässig, wird keine Haftung für etwaige Unfälle und Schäden jeder Art aus einem Rechtsgrund übernommen.

Der Gipfelgrat der Hochplatte im Ostallgäu

Inhaltsverzeichnis

Waltenhofen
Sulzb
Niedersonthofener See
Rottachsee
Weitnau
Martinszell
Iller
Missen
Wertach
Rottachberg 32
Thaler Höhe
Alpsee
38
Oberstaufen
Rettenberg
Immenstadt
Grünten 11
Wertacher Hörnle 40
22
4
Burgberg
Oberj
Spieser 37
Sonthofen
13 Hochgrat
Hindelang
Isele
Pont
34 Siplingerkopf
Imberger Horn 18
Balderschwang
Bolsterlang
35
31 Breiter
Rotspitze
Riedberger Horn 28
Fischen
6 Entschenk
Obermaiselstein
3
12 Nebelhorn
2
Oberstdorf
17 Hoher Ifen
Spielmannsau
25
20
Mittelberg
23 Muttlerk
Einödsbach
9 Groß
Baad
21 Kratzer
Höferspitze 16
41
39 Walser Geißhorn
Widderstein
Schröcken
Warth
Holzgau

Roßhaupten
Seeg
Nesselwang
Forggensee
Halblech
Grüntensee
Hopfensee
Bannwaldsee
Jungholz
Weißensee
Pfronten
Weißen-
see
Schwangau
36 Sorgschrofen
Füssen
8
14
Hochplatte
Alpsee
1
Aggenstein
Vils
33 Säuling
nstein 5
Grän
10 Große Schlicke
29 Rote Flüh
Zöblen
Tannheim
Reutte
Plansee
nerköpfle 24
Haldensee
7 Geißhorn
27 Reuttener
Hahnenkamm
Nessel-
wängle
Plansee
Vilsalpsee
30 Rote Spitze
Weißenbach
Bichlbach
Forchach
Hochvogel
Stanzach
Lermoos
Lech
Elmen
ottenkopf
Häselgehr
ÖSTERREICH
Tarrenz
Imst

1

Aggenstein (1987 m)

Ausgangsorte: Grän 1100 m, Pfronten (880 m Seilbahn)

Zielort: desgleichen

Stützpunkte: Bad Kissinger-Hütte (1788 m), DAV, Bergstation Füssener Jöchle, (1816 m)

Höhenunterschied: bei Benutzung der Sesselbahn auf das Füssener Jöchle insgesamt noch etwa 350 m, bei Benutzung der Seilbahn auf den Breitenberg noch etwa 400 m

Zeitaufwand: Füssener Jöchle-Aggenstein etwa 2 1/2 Stunden, Bergstation Seilbahn bis Gipfel etwa 1 1/2 Stunden

Karte: Zumsteinkarte Nr. 2 Nesselwang - Pfronten, 1:30 000

Beste Jahreszeit: Anfang Juni bis Oktober.

Allgemeines: Eine sehr schöne Rundwanderung. Sie kann wie folgt vorgenommen werden: man fährt in Grän/Tannheimer Tal bis zum ausgeschilderten Parkplatz der Gondelbahn, die auf das Füssener Jöchle führt. Von hier läßt man sich in 12 Minuten bequem auf eine Höhe von 1816 m hinaufschaukeln. Das Füssener Jöchle ist eine Einkerbung zwischen dem westlich davon liegenden Lumberger Grat und den östlich davor liegenden Tannheimer Bergen mit Läuferspitze, Schartschrofen und Gimpel/Rote Flüh. Vom Joch aus kann man nordöstlich absteigen bis nach Vils oder östlich absteigen zur Otto-Mayr-Hütte und nach Musau im Lechtal gelangen. Unser Weg aber führt auf bezeichnetem Weg vom Füssener Jöchle links ab, zuerst ein wenig bergauf, jenseits des Rückens aber hinab bis zur Seben-Alpe. Wir verlieren dabei etwa 200 Höhenmeter. Zur Rechten bleiben Sefenspitze (1950 m) und Sebenspitze (1938 m) liegen. Der Lumbergergrat zieht sich jenseits einer größeren Alpfläche zu unserer Linken halbkreisförmig mit. Im Seichenkopf westlich der Sebenalpe endet er (1880 m). Unser Weg führt von der Sebenalpe allmählich durch Wald ansteigend weiter in Richtung auf die bald sichtbare Bad Kissinger Hütte (1788 m). Wer dabei das Brentenjoch (2001 m) noch mit ersteigen möchte, muß ca. 20 Min. nach der Sebenalpe rechts abzweigen, findet bald darauf einen Steig, der links zum Gipfel des Brentenjochs hinaufführt. Etwa 20 Minuten vor der Bad Kissinger Hütte kommt man aus dem Wald heraus und steigt über nasse Wiesen bis zur Hütte am Grat 1788 m. Die Hütte ist voll bewirtschaftet. Der weiterhin sehr deutliche Steig führt nun in steilen Serpentinen in allgemeiner Nordwestrichtung bis zum Gipfel, wobei es nur unmittelbar unterhalb des Gipfel-

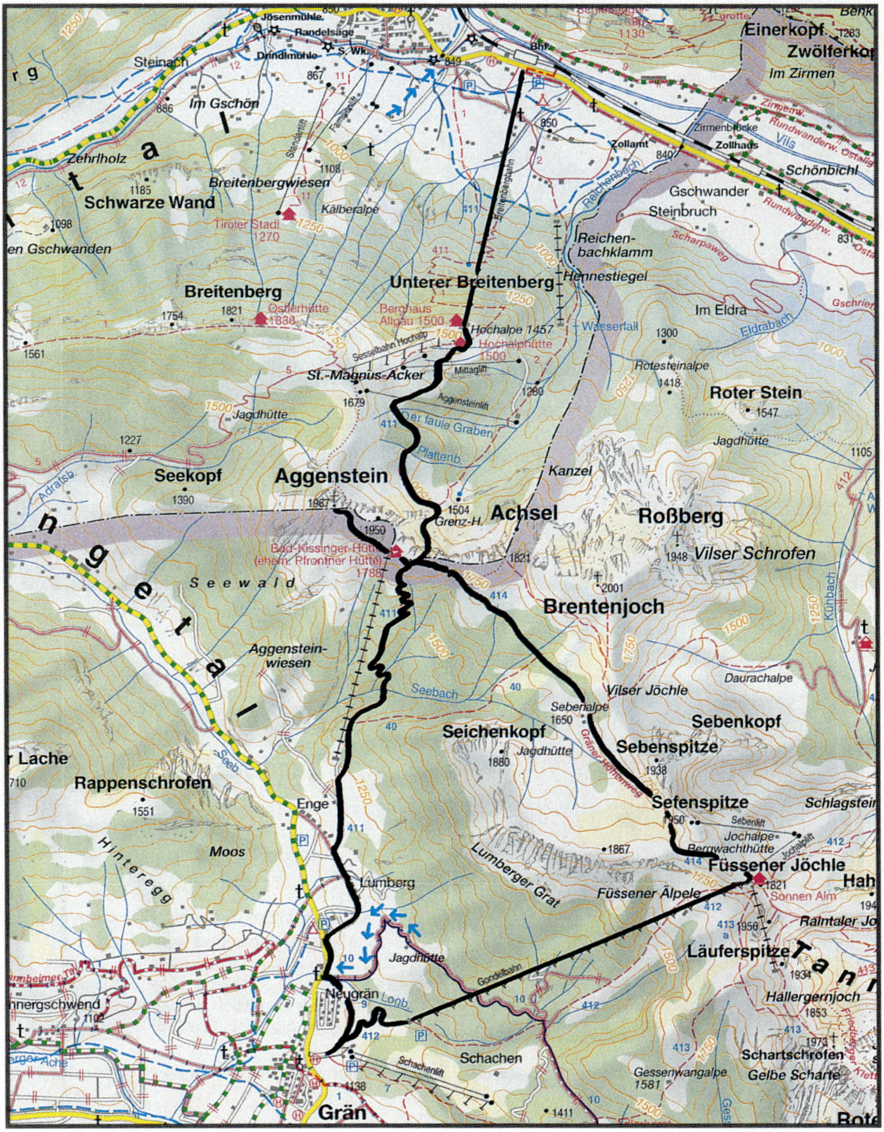

Herrlicher Blick auf den Aggenstein vom Sebenjoch aus.

kreuzes einige leichte Felsen zu durchsteigen gilt. Unterhalb der Bad Kissinger Hütte münden auch die Steige ein, die vom Breitenberg (Ostler-Haus) und von der Bergstation der Seilbahn herführen. Beide Steige sind ebenfalls bezeichnet und können nicht verfehlt werden.

Der Abstieg geht zunächst zurück zur Hütte, dann aber biegt man unterhalb nach rechts ab in das Engetal. Es geht steil aber ständig auf gutem Weg hinab bis zum Ort Enge, wo zugleich der Talboden erreicht ist. Von hier führt abseits der Straße ein angenehm zu laufender Weg nach Lumberg und durch einige Wiesen zurück zum Parkplatz der Füssener Jöchlebahn. Diese genannte Runde, die von wandergewohnten Familienmitgliedern ohne weiteres gemacht werden kann, dauert etwa 6 - 7 Stunden insgesamt.

Ein direkter Aufstieg führt vom Weiler Enge (1100 m) über die Bad Kissinger Hütte zum Gipfel (ca. 2 - 2 1/2 Stunden). Der Parkplatz liegt direkt an der Hauptstraße in Richtung Pfronten.

Der Allgäuer Himmelssteig

Ausgangsorte:	Oberstdorf - Nebelhornbahn Bergstation (1929 m)
Zielort:	Oytalhaus (1009 m), Oberstdorf (813 m)
Stützpunkte:	Käseralpe (1400 m), Untere Gutenalpe (1048 m)
Höhenunterschied:	bis Himmeleck ca. 550 m, Abstieg ca. 1300 m insgesamt Gipfel: Schochen 2100 m, Laufbacher Eck 2179 m, Schneck 2258 m (nur für Geübte!) dadurch mehr Höhenmeter!
Zeitaufwand:	Bergstation - Laufbacher Eck ca. 2 1/2 Std., weiter bis Himmeleck 1 1/2 Std., bis Käseralpe 1 1/4 Std., bis Oytalhaus 1 1/2 Std., insgesamt ca. 7 Std. (+ Pausen)
Karte:	Zumsteinkarte Nr. 4 Oberstdorf - Fischen, 1:30 000

Schochen vom Laufbacher Eck aus.

Beste Jahreszeit: Anfang Juli bis Oktober.

Allgemeines: Wunderschön ist er, dieser Allgäuer Himmelssteig! Von der freundlichen Abnahme des Aufstieges durch die Nebelhorn-Bahn profitiert man bei dieser Tagestour noch lange, sonst wäre sie vielleicht für den »Normalwanderer« gar nicht an einem Tag machbar. So aber eilt man beschwingt ab der Bergstation zu einem kleine Rinnsal abwärts und quert im folgenden den Zeiger, den Großen und den Kleinen Seekopf auf ihren Westflanken und könnte den folgenden Schochen leicht über Gras besteigen. Der Weg führt wenig unter seinem aussichtsreichen Gipfel um ihn herum, biegt scharf nach Osten ab und führt nun den Wanderer auf einer Aussichtskanzel hinüber zum Laufbacher Eck. Dort hinauf allerdings führen noch einige schweißtreibende Kehren. Der Gipfel liegt gar nur 20 m oberhalb des Sattels, über den man ins Bärgündeletal ein Stück absteigen muß. Die kleine Bergwachthütte ist sichtbar und man denkt wohl daran sie nicht brauchen zu müssen! Unterhalb des steilen Abstieges muß man sich unbedingt noch einmal die turmhohe Gestalt des Schneck anschauen, um den man nun ostwärts herumläuft. Auf dem Himmeleck (2007 m) ist der letzte Aufstieg geschafft! Für Geübte ist der Gipfel des Schneck in 30 Minuten erreichbar, weniger Geübte können die gleiche Aussicht vom Vorgipfel genießen! Dann geht es steil unter den Westabstürzen der Wilden zur verlockenden Käseralpe hinunter, deren Brotzeit schon von weitem zu winken scheint. Der folgende Abstieg ist nicht mehr schwer, aber sehr weit!!! Wer an diesem Tag wieder in Oberstdorf ankommt, sinkt erschöpft ins Bett - aber im frohen Bewußtsein, etwas Besonderes geleistet und gesehen zu haben.

Besler (1680 m)

Ausgangsorte: Obermaiselstein (859 m), Tiefenbach (880 m), Riedbergpaß (1420 m)

Zielort: desgleichen, Rundwanderung im obigen Sinne möglich.

Stützpunkte: nur Alphütten, ggf. Freyburger Alpe (bewirtschaftet) und Dinigörgen Alpe (bewirtschaftet)

Höhenunterschied: von Obermaiselstein ca. 800 m, desgl. von Tiefenbach, vom Riedbergpaß 380 m insgesamt

Zeitaufwand: ab Obermaiselstein ca. 3 Std. etwa selbe Zeit von Tiefenbach, vom Riedbergpaß ca. 1 1/2 Std.

Karte: Zumsteinkarte Nr. 4 Oberstdorf - Fischen, 1:30 000

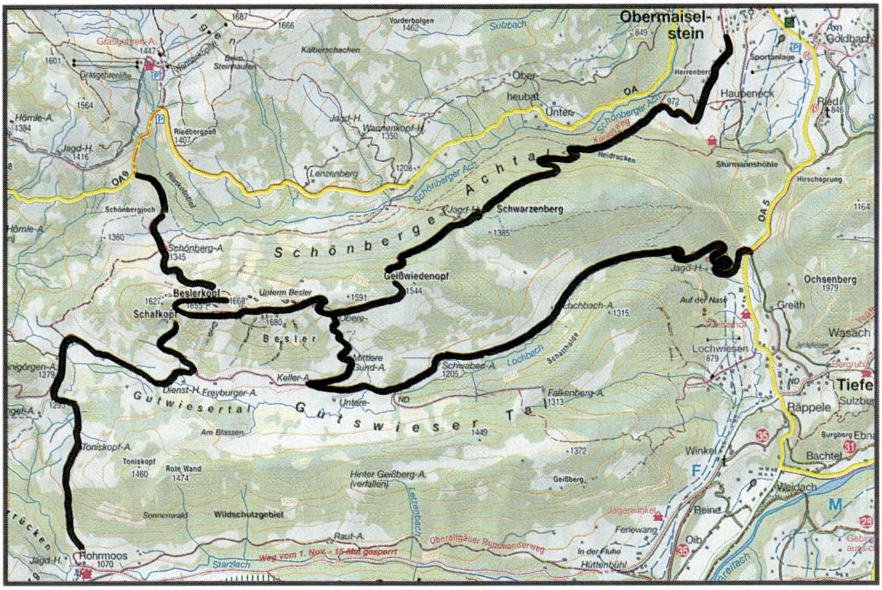

Beste Jahreszeit: Von Obermaiselstein und Riedbergpaß etwa ab Mitte Juni, ab Tiefenbach etwas früher möglich, da südseitig.

Allgemeines: der Name Besler soll von einem Mann aus Basel stammen, der hier einstmals Alpen angelegt hat. Der Berg besteht aus helvetischer Kreide, wie z.B. der Hohe Ifen, Diedamskopf, Säntis und die Churfirsten. Der Gipfel ragt einer Mauer gleich aus den umgebenden grünen Hängen auf. Obwohl der Besler nicht hoch erscheint, hat man von ihm doch eine gute Fernsicht. Besonders im Frühjahr lohnt eine Besteigung wegen der herrlichen Flora (Silberwurz, Enzian, Felsaurikel)

Der Weg ab Obermaiselstein beginnt bei der Pfarrkirche. Über einen Feldweg erreicht man, nach Südwesten gehend, den Wald an der Nordseite des Schwarzenberges. Hier hat der Bayernkönig Max II. einen Jagdsteig anlegen lassen, der nach ihm »Königsweg« benannt wird. Auf ihm gelangt man nach ca. 1 Std. zum Schwarzberg Jagdhaus. Weiter durch die Nordhänge des Geißwiedenkofpes zur Oberen Gundalpe und über den Kammweg zur Mauer des Gipfelaufbaues. Der Besler wird nun nordseitig auf dem Weg umgangen, bis man seine Mauer leicht überwinden kann. Nun führt uns der Steig östlich zum Gipfel.

Der Anstieg von Tiefenbach her geschieht über den Alpweg des Lochbachtales, dann rechts abzweigend (bezeichnet) zur Unteren, Mittleren und schließlich ebenfalls zur Oberen Gundalpe. Man kann auch an der unteren Gundalpe vorbei bis westlich der Freyburgeralpe gehen, wo rechts ein Weg zum Besler abzweigt. Auf diesem gelangt man ebenfalls zum Gipfel.

Ab Riedbergpaß muß man zunächst zu der am nördlichen Beslerhang gelegenen Schönbergalpe etwas absteigen, quert dann steil über Weiden ansteigend die von der Mauer herabziehenden Hänge bis zu einer sichtbaren Einkerbung zwischen der westlichen und der östlichen Mauer. Man umgeht den östlichen Teil und gelangt auf den Steig, der auch von der vorher erwähnten Oberen Gundalpe herführt. Dann wie dort zum Gipfel.

Zu erwähnen wäre noch der **Anstieg von Rohrmoos** aus, der in etwa 2 1/2 Stunden zum Gipfel führt. Man folgt in Rohrmoos dem Weg zur Kindsbankertalpe. Hier geht es dann weiter durch die Einsattelung (oft feucht!) nach Norden, auf den sichtbaren Besler zu. Auch dieser Weg trifft sich mit den anderen an der Mauer, da diese nur an einer Seite von »Normalbergsteigern« überwunden werden kann.

Burgberger Hörnle (1496 m)

Ausgangsorte:	Burgberg (751 m)
Zielort:	desgleichen
Stützpunkte:	Grüntenhaus (1535 m)
Höhenunterschied:	745 m, ab Alpe Weihele ca. 620 m
Zeitaufwand:	ab Burgberg 2 - 2 1/2 Std., ab Alpe Weihele 1 1/2 Std.
Karte:	Zumsteinkarte Nr. 6 Immenstadt - Sonthofen, 1:30 000

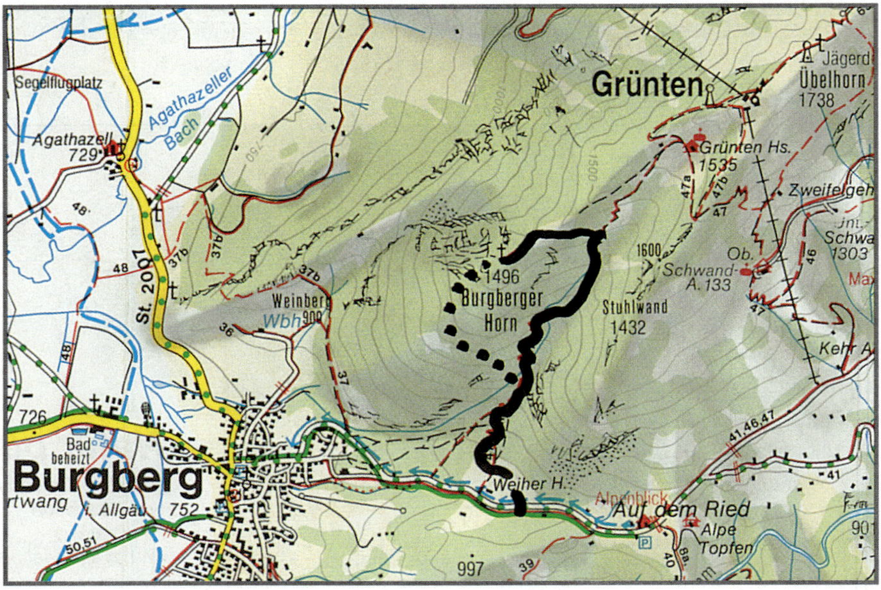

Beste Jahreszeit: meist schon ab Mai und bis November möglich.

Allgemeines: Das Burgberger Hörnle, auch Kreuzelspitze genannt, ist der westlichste Gipfel des Grüntenmassivs. Es ist sehr steil, aber es führt ein Pfad bis zum Gipfel, zuletzt durch leichte Felsen. Der Blick ins Illertal und auf die Berge südlich und westlich ist überwältigend. Gerade wegen seiner Steilheit hat man das Gefühl auf einem Balkon zu stehen. Besonders hübsch ist der Anblick der Mäander des Baches zwischen Agathazell und Häuser. Wie eine Spielzeuglandschaft liegen die Möser und Moore des Illertales zu Füßen und der Segelflugplatz wirkt von hier oben wie ein grünes Handtuch. Eine kurze, aber lohnende Tour (für den geübten Bergwanderer).

Aufstieg ab Burgberg: Vom Parkplatz östlich des Ortes Richtung Gh.»Alpenblick« findet man 3 ausgeschilderte Möglichkeiten, die alle zum Grünten weisen. Die Abzweigung nach etwa 1/2 - 1 Stunde vom Grüntenweg zum Burgberger Hörnle kann leicht übersehen werden. Doch mit geübtem Blick findet man den nach links abzweigenden Pfad, der durch einen

Das Burgberger Hörnle

quergefallenen Baumstamm etwas versteckt wirkt. Doch einmal gefunden führt er einen durch den Wald der Süd- und Südwestseite steil hinauf. Weiter oben kommen Schrofen und schließlich leichte Felspartien. Achtung: man bleibe am Weg!

Ab Alpe Weihele: Einige Höhenmeter kann man sich ersparen wenn man Richtung Gasthaus Alpenblick fährt. Etwa 500 m davor liegt links eine Alphütte. Hier ist ein kleiner Parkplatz neben der Straße. An der Hütte vorbei führt ein Wiesenweg zum Wald hinauf, Wegweiser »Grünten«. Nach etwa 20-30 Min. trifft dieser Weg in Wald auf den links von Burgberg heraufkommenden Pfad. Nun weiter wie vorher. Statt vom Weihele kann man etwas weiter straßenaufwärts den neuen Forstweg benutzen.

Aus der an sich kleinen Tour kann man folgende Möglichkeiten einer ausgedehnten Wanderung machen:

- Vom Burgberger Hörnle zum sichtbaren Grüntenhaus (Achtung am Grat ein paar Felsstufen) sowie zum Gipfel des Grünten und evtl. Abstieg über die Alpe Kammeregg nach Rettenberg.
- Oder noch unterhalb des Grüntenhauses rechts durch das Aufstiegtal zurück.
- Oder vom Grüntenhaus über Alpen Obere Schwand und Kehr zum Parkplatz beim Gasthaus Alpenblick hinunter.

TOUR 5

Einstein (1867 m)

Ausgangsorte:	Tannheim im Tannheimer Tal, Tirol (1150 m), Engetal (1000 m, ehmaligem Zollhaus)
Zielort:	desgleichen
Stützpunkte:	keine
Höhenunterschied:	ab Talort ca. 770 m, bei Anstieg vom ehem. Zollhaus ca. 800 m
Zeitaufwand:	von Tannheim 2 - 2 1/2 Std., ab Fallmühle 3 1/2 Std.
Karte:	Zumsteinkarte Nr. 7 Tannheimer Tal, 1:25 000

Beste Jahreszeit: Da der Gipfel von Tannheim aus südseitig zu erreichen ist, kann man oft schon Anfang Mai ohne Schwierigkeiten hinaufsteigen. Der Anstieg von Fallmühle dagegen ist nordseitig und dürfte erst später möglich werden. Im Herbst kann man bis zum ersten Schnee, also bis in den November hinein, den Berg besteigen.

Allgemeines: man läßt sein Auto am großen Parkplatz westlich von Tannheim stehen und wandert ab hier zuerst bis zur Mitte des Or-

Der Einstein im Tannheimer Tal

tes. Hier biegt nach Norden ein kleines Sträßlein in Richtung Berg ab, unterquert die Umgehungsstraße und endet in Berg. Von hier führt ein sehr steiniger Weg ein weites Stück aufwärts. Der schöne, aus Hauptdolomit bestehende Felsklotz des Einstein liegt beim Aufstieg stets genau vor uns. Der Weg ist rot markiert, bzw. im Bereich des erwähnten, später aber nach links abbiegenden Weges mit Richtungspfeilen ausgestattet. Ein Verirren ist praktisch nicht möglich. Anfänglich geht es durch lichten Wald, später durch Latschenbüsche allgemein steil aber ungefährlich auf einem gut zu gehenden Steiglein aufwärts. Bei dieser Tour ist zu beachten, daß es auf dem gesamten Weg keinerlei Wasser gibt, und entsprechend der Jahreszeit und der Personenzahl Trinkbares mitgenommen werden muß! Etwa 1 bis 1 1/2 Stunden nach dem Aufbruch erreicht man den Gratrücken, der sich vom Einstein nach Osten zum Rappenschrofen hinzieht.

Hier ist auch die Stelle, an der man heraufkommt, wenn man vom Engetal aufsteigt. Dabei gibt es mehrere Möglichkeiten: entweder Aufstieg etwa 1 km hinter der Grenze auf österreichischem Boden zur Einstein Alpe und von dort nördlich steil angsteigend auf den vorher erwähnten Grat, oder vom deutschen Zollhaus zur Einstein Alpe.

Allgemein üblich ist der Weg von Tannheim/Berg, der auch von Kindern ohne weiteres gangbar ist. Auch liegt die Anstiegszeit von etwa 2 Stunden im Bereich des für Kinder möglichen.

Die Tour ist überaus lohnend, die Aussicht nach allen Seiten bemerkenswert!

Entschenkopf (2043 m)

Ausgangsorte:	Reichenbach (786 m), Nebelhorngipfel (2224 m)
Zielort:	desgleichen
Stützpunkte:	Gaisalpe, bew. (1150 m), Nebelhornbergstation, bew. (1929 m)
Höhenunterschied:	ab Reichenbach ca. 1200 m, ab Nebelhorn ca. 400 m
Zeitaufwand:	Reichenbach - Gipfel ca. 3 Std., vom Nebelhorn über Oberen Gaisalpsee und Südgrat ca. 2 - 2 1/2 Std.
Karte:	Zumsteinkarte Nr. 4 Oberstdorf - Fischen, 1:30 000

Beste Jahreszeit: etwa ab Ende Juni bis Oktober.

Allgemeines: Der Name diese Kalkberges soll von dem mittelhochdeutschen Namen Ennz kommen. Er ragt wie eine Bastion nördlich des Nebelhornes vor und ist der letzte Ausläufer des alpinen Kalkes vor dem sich daran nach Norden anschließenden Flysch (Sonnenköpfe). Seine Besteigung verlangt von beiden hier geschilderten Seiten Trittsicherheit.Die Aussicht ist nach Süden durch Nebelhorn, Wengenköpfe und Daumen beschränkt.

Aufstieg von Reichenbach: am östlichen Ortsende, auf dem bez. Weg zur Gaisalpe, kann man den Wagen stehen lassen. Nun zuerst ein Stück auf dem Fahrweg zur Gaisalpe im Wald, bald aber diesen nach links verlassend und direkt am Gaisbach durch den gleichnamigen Tobel hoch.

Unterhalb der Gaisalpe, bei Austritt aus dem Wald, trifft man wieder auf den Fahrweg. Nun hinauf zur Gaisalpe. Dahinter gabelt sich der Weg: rechts geht es zu den Gaisalpseen, links hinauf zum Falkenjoch. Diesen Weg schlägt man ein, zuerst über Weideböden, dann durch Wald. Kurz bevor man das Falkenjoch erreicht, zweigt nach rechts, also südlich, ein bez. Steig ab, der eben durch Wald zum Gipfelaufbau des Entschenkopfes führt. Wo der Wald aufhört, beginnt der Nordgrat des Berges, der im unteren Bereich noch von dichten Latschen bewachsen ist. Später wird das Gelän-

Der Entschenkopf liegt östlich zwischen Oberstdorf und Reichenbach

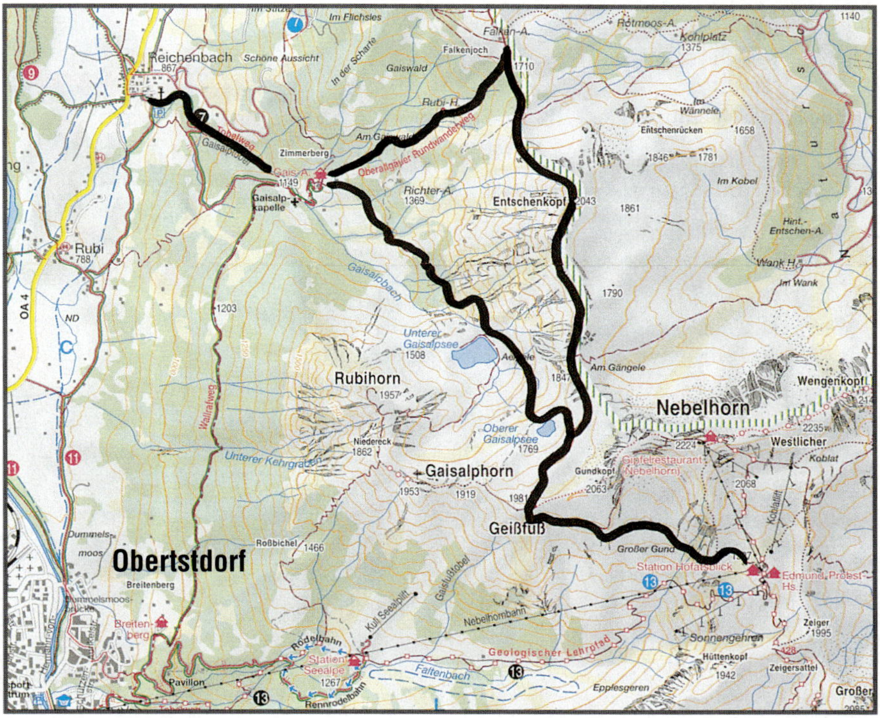

de schrofig und zum Schluß müssen in leichter Kletterei noch einige felsige Stellen überwunden werden. Vorsicht, der steile Pfad ist stellenweise durch erodiertes Material rutschig!

Aufstieg vom Nebelhorn: vom Gipfel des Nebelhornes muß man westlich zum Gaisfuß absteigen. Vorsicht! Danach quert man die Nordabhänge der Nebelhorngruppe am Oberen Gaisalpsee vorbei Richtung »Gängele«, dem Übergang vom Gaisbachtal ins Retterschwangertal. Nun auf bezeichnetem, deutlich sichtbarem Weg über den langen Südrücken des Entschenkopfes zum Gipfel. Dabei sind einige Auf- und Abstiege zu bewältigen.

Sehr schön ist auch **eine Überschreitung** des Entschenkopfes, wobei Start- und Zielort Reichenbach ist. Aufstieg wie beschrieben von Reichenbach aus. Vom Gipfel jetzt aber Abstieg in Richtung »Gängele«, kurz davor kann man nach rechts in den Kessel des Oberen Gaisalpsees abbiegen und den markierten Weg über den Unteren Gaisalpsee zurück zur Gaisalpe nehmen. Von da nach Reichenbach wie Aufstieg.

TIP: Der **»Treibstoff«** für unterwegs muß vorher gut überlegt sein. An Getränken sind Mineralwasser, Schorlen oder fertige Sportgetränke zu empfehlen. Es ist wichtig nicht nur das verbrauchte Wasser im Körper, sondern auch die durch Schweiß verlorenen Mineralstoffe zu ersetzen.

Im Allgäu haben auch die Autos Urlaub!

Wir fahren Sie überall hin!

Ob in die Stadt oder aufs Land, ob zum Berg oder an den See, zum Sport, zu den Wanderrouten oder Skipisten – wir haben für jeden Bedarf den richtigen Tarif. Preiswert und bequem sind Sie mit der Tageskarte oder der Urlaubskarte im ganzen Oberallgäu mobil. **Tageskarten** erhalten Sie direkt in allen Bussen, Bahnhöfen, Gemeinden und Verkehrsverwaltungen.

Die **Urlaubskarte** können Sie bei allen Gemeinden und Verkehrsämtern erwerben.

Wichtiger Hinweis: Die Urlaubskarte gilt ausschließlich im südlichen Oberallgäu und Sie erhalten sie nur gegen Vorlage Ihrer Gästekarte.

Bahn und Bus – die intelligente Umweltverbindung

Geißhorn (2249 m)

Ausgangsorte: Hinterstein (866 m), Tannheim-Kienzen (1100 m) oder Vilsalpsee (1165 m)

Zielort: entweder zum Ausgangsort zurück oder Übergang Zirleseck - Zöblen, sowie durchs Roßbachtal nach Tannheim oder über den Jubiläumsweg bis Schrecksee und Abstieg ins Ostrachtal möglich.

Stützpunkte: Willers Alpe (1456 m), Vils Alpe (1200 m, am Vilsalpsee), Alpe Älpele (1529 m im Älpeletal)

Höhenunterschied: ab Hinterstein 1380 m, Kienzen, 1150 m, Vilsalpsee 1090 m

Zeitaufwand: Parkplatz Hinterstein bis Willers Alpe 2 1/2 - 3 Std., Kienzen - Alpe Älpele 1 1/2 Std., weiter zum Gipfel 2 Std., vom Parkplatz Vilsalpsee - Gipfel über Vils Alpe und Geißeck 3 1/2 - 4 1/2 Std.

Karte: Zumsteinkarte Nr. 3 Hindelang - Tannheimer Tal, 1:35 000

Beste Jahreszeit: west- und südseitig Juli bis Oktober, nordseitig etwa 2-3 Wochen später.

Allgemeines: Der Name des Berges und auch die umliegenden Joche (Schafwanne) deuten auf frühere Älpung von Ziegen und Schafen hin. Das Geißhorn, im Winter ein beliebtes Ziel für Skitourenfahrer, bietet eine lohnenswerte Aussicht nach allen Seiten. Sein formschöner Gipfel aus alpinem Kalk wirkt besonders aus dem Tannheimer Tal steil und unnahbar. Weniger Geübte sollten den Aufstieg über das westlich vorgelagerte Geißeck wählen, von dem ein ungefährlicher Weg zum Gipfel führt. Die Tour ist zwar familienfreundlich, verlangt aber viel Ausdauer! Genügend Getränke mitnehmen!

Aufstieg von Hinterstein: Vom südlichen Parkplatz führt östlich ein beschilderter Weg über Alpweiden, später durch Wald steil hinauf in den Kessel der Willersalpe, wo wohl die erste Rast notwendig ist. Ab hier leitet der Jubiläumsweg, zuletzt sehr steil, auf das Geißeck-Joch (2055 m). Dort biegt man links ab und gewinnt den Gipfel in etwa 30-40 Minuten.

Das Geißhorn

Aufstieg von Tannheim-Kienzen: Westlich von Tannheim am Ortsrand liegt ein neuer Parkplatz (Münzen mitnehmen!) Ab da führt der Weg westl. zum Weiler Kienzen und von dort südlich auf einem Alpweg durch Wald bis zur Älpele Alpe (1529 m) hinauf. Nun über Alpweiden zur breiten Ostseite und diese steil zum Grat westlich des Gipfels hinauf. (Für Kinder weniger geeignet).

Aufstieg ab Vilsalpsee: Achtung Parkregelung am Vilsalpsee beachten: Fahrt von Tannheim bis zum See nicht zu jeder Tageszeit erlaubt. Keine Schwierigkeit bei Hinfahrt vor 10^{00} Uhr. Auf nördl. Seite Parkplatz. Ab hier Wanderung am westl. Seeufer entlang, bis Vilsalpe einfach. Jetzt westlicher teilweise steiler und langer Aufstieg zum Geißeck-Joch und von dort wie vorher zum Gipfel Im Sommer zeitig aufbrechen (6^{00} - 7^{00} Uhr ab Parkplatz).

TOUR 8

Große Bleckenau-Runde

Ausgangsorte:	Hohenschwangau
Zielort:	desgleichen, auch Übergänge möglich
Stützpunkte:	Tegelberghaus (1707 m), Alpe Jägerhütte (1450 m), Bleckenau-Königshaus (1167 m)
Höhenunterschied:	ca. 900 m, nur geringfügige Zwischenanstiege, sonst nur bergab
Zeitaufwand:	ca. 3 - 4 Stunden
Karte:	Zumsteinkarte Nr. 1 Füssen - Schwangau, 1:30 000

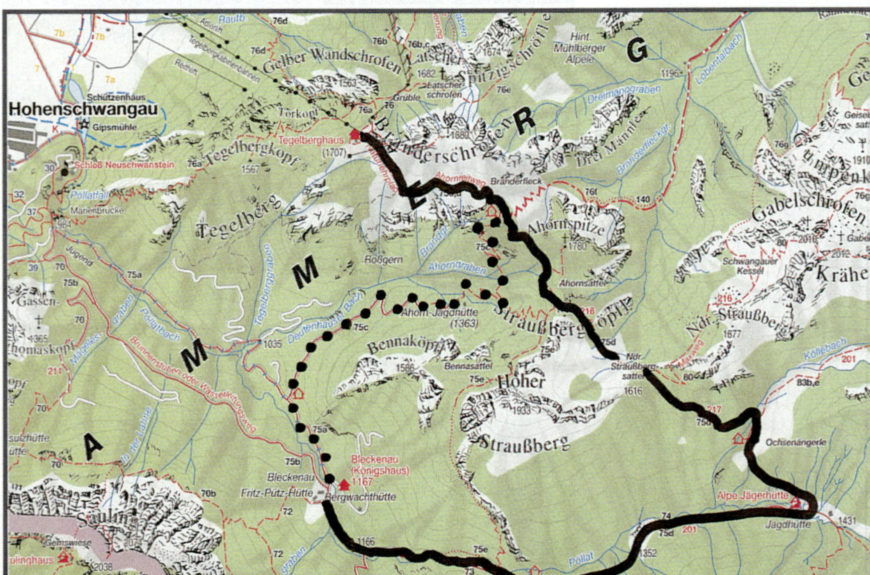

Beste Jahreszeit: Anfang Juli bis Ende September.
Allgemeines: Der Tegelberg ist seit 1968 durch eine moderne Seilbahn erschlossen und bietet vielen Wanderfreunden, die einen langen Aufstieg scheuen, eine bequeme Möglichkeit, die aussichtsreichen Höhen zu erreichen. Von hier oben sind sowohl Gipfel als auch Bergabwanderungen zu machen, je nach Lust und Laune. Neben der Großen gibt es noch die Kleine Bleckenau Runde, sowie weitere Möglichkeiten in viele Richtungen. Die Ausflugsmöglichkeiten sind familienfreund-

Wunderschöne Ausblicke erwarten uns auf der Großen Bleckenau-Runde

Der Branderschrofen, der eigentliche Gipfel des Tegelbergs

lich, viele Kinder wandern nun mal lieber bergab.

Von der **Bergstation der Tegelbergbahn** wendet man sich zunächst halblinks hinunter und erreicht den Naturlehrpfad Ahornreitweg, der einer Aufmerksamkeit durchaus wert ist. Anschließend wandert man in leichtem Linksbogen durch die Süd-abhänge des Branderschrofens, bis man die Einsattelung des Branderflecks erreicht (Weg 75 c & d). Nun kann man sich entscheiden: nach rechts abwärts führt der Weg Nr. 75 c über die Ahorn Jagdhütte zur geteerten Bleckenaustraße. Von hier wendet man sich links aufwärts und erreicht nach 20 Minuten die Bleckenau (Kleine Bleckenau-Runde, ca. 2 Stunden). Wer länger wandern und schönere Aussichten erleben will, der wendet sich am Branderfleck geradeaus weiter (Weg 75 d). Der Weg zieht sich an der Ahornspitze etwas hoch und quert dann die Hänge zum Ahornsattel. Die Ahornspitze kann dabei als Abstecher mitbestiegen werden. Vom Ahornsattel zweigt man links ab und steigt, nach einem kleinen Anstieg, zur Niederstraußberg Alpe hinab. Auf deren Weideflächen muß man sich stets rechts halten und auf die Markierungen achten. Jenseits geht es kurz zum Niederstraußbergsattel hinauf, und südöstlich über die Alpe Ochsenängerle zur Alpe Jägerhütte hinab. Hier trifft man auf den Fahrweg, der entlang der Pöllat in einer guten Stunde nach Bleckenau leitet.

Großer Krottenkopf (2657 m)

Ausgangsorte: Oberstdorf-Spielmannsau (1003 m)

Zielort: entweder Rückkehr zum Ausgangsort oder Übergang nach Holzgau oder Elbigenalp

Stützpunkte: Kemptener Hütte, bewirtschaftet (1845 m), (Hermann-von-Barth-Hütte, bewirtschaftet (2131 m))

Höhenunterschied: von Spielmannsau ca. 1650 m

Zeitaufwand: ab Spielmannsau über die Kemptener Hütte ca. 4 1/2 Stunden

Karte: Zumsteinkarte Nr. 4 Oberstdorf - Fischen, 1:30 000

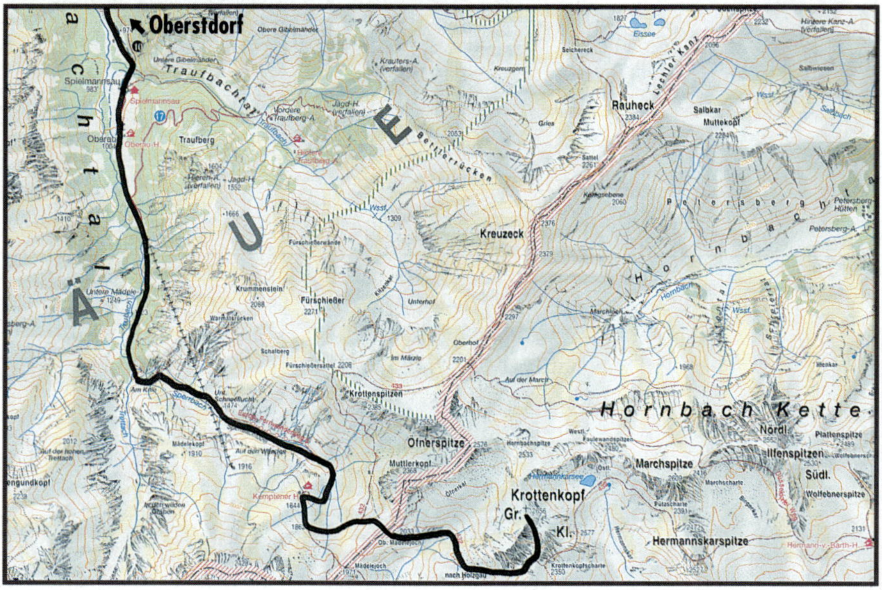

Beste Jahreszeit: Ende Juni bis Oktober.

Allgemeines: Es ist der höchste Berg des Allgäus, mit schöner Aussicht nach allen Seiten, besonders beeindruckend der Tiefblick zum Hermannskarsee. Geologie: Hauptdolomit auf Diluvialsockel. Die hier beschriebenen Anstiege sind ohne große Schwierigkeiten.

Aufstieg von Spielmannsau: zuerst südlich das Tal der Trettach hinein bis zur Einmündung des Sperrbaches von Osten. Nun teilweise steil das enge

Blick auf den mächtigen Krottenkopf und den Ramstallkopf

Tal südöstlich ansteigend und durch den bemerkenswerten Sperrbachtobel hinauf zur Kemptener Hütte (2 Std.). Weg jeweils bez. (Fernwanderweg Bodensee-Adria!) Nun südlich unweit auf das östliche Mädelejoch (1968 m). Man wendet sich auf dem bez. Weg nach Osten, durchquert die Hänge des oberen Roßgumpentales bis hinüber zur Falllinie der Krottenkopfscharte, die zwischen Krottenkopf und Ramstallspitze liegt. Nun in steilen Kehren hinauf (2350 m).

Oben Wegtafel: Abzweigung zum Großen Krottenkopf links hinauf, über Geröll und schotterübersäte Stufen des Südrückens am Kleinen Krottenkopf vorbei und nordwestlich zum Gipfel. Auch aus dem Lechtal führen 2 Aufstiegsrouten zum Gipfel:

Aufstieg von Holzgau: von der Kirche weg genau nach Norden auf bez. Weg, zuerst das Höhenbachtal entlang bis zur Schochenalm, hier nördlich weiter Richtung westlichem Mädelejoch. Unterhalb biegt rechts weg ein Pfad, der den vorher beschriebenen Weg bei P. 2043 trifft. Nun wie vorher zum Gipfel.

Aufstieg von Elbigenalp: Am südlichen Ortsende biegt ein bez. Weg in das Bernhardsbachtal ab. Nun aufwärts zur Karaalpe. Jetzt westlich, zuletzt in steilen Kehren zum Karjoch (2305 m) zwischen Ramstallspitze und Strahlkopf hinauf. Westlich absteigend gelangt man in das Roßgumpental. Bald biegt der Weg nach Norden ab und erreicht unterhalb der Krottenkopfscharte den Weg, der vom Mädelejoch herüberführt. Nun wie vorher auf den Gipfel. Man kann auch direkt von der Karaalpe rechts abbiegend auf die Krottenkofpscharte gelangen, was kürzer ist. Eine andere Möglichkeit ist der Weg von Elbigenalp über die Hermann-von-Barth-Hütte und das Schafschartl, wobei man von der Ostseite auf die Krottenkopfscharte gelangt.

Diese Tour verlangt von allen Seiten eine gute Ausdauer, denn die 1fache Wegstrecke beträgt jeweils 4 1/2 - 5 Stunden. Ein prächtiger Rundblick belohnt die Ausdauer des Tüchtigen.

Große Schlicke (2060 m)

Ausgangsorte: Grän, Tannheimer Tal (1138 m), Musau, Lechtal (820 m)

Zielort: desgleichen, Abstieg auch nach Vils möglich

Stützpunkte: Sonnenalm auf der Bergstation Füssener Jöchle Bahn (1816 m), Otto-Mayer-Hütte und Willi-Merkel-Hütte im Reintal, ggf. Vilser Alpe (1224 m), Musauer Alm (1280 m)

Höhenunterschied: ab Grän 922 m, ab Bergstation Sesselbahn 450 m, ab Musau 1240 m

Zeitaufwand: von Grän direkt 3 1/2 Std., ab Bergstation 1 1/2 Std., ab Musau 3 1/2 - 4 Std.

Karte: Zumsteinkarte Nr. 7 Tannheimer Tal, 1:25 000

Beste Jahreszeit: ab Ende Juni - Oktober

Allgemeines: Die Große Schlicke ist der letzte Zweitausender dieser Gegend. Die Aussicht vom Gipfel ist besonders lohnend, vor allem auch, weil sie nach Westen, Norden und Osten in die Ferne führt, im Süden aber von den überwältigenden, senkrechten Kalkmau-

Große Schlicke vom Füssener Jöchle Weg aus gesehen

ern der Tannheimer Berge: Gimpel, Kölle- und Gehrenspitze bestimmt wird. Atemberaubend steigen diese Gipfel aus dem Reintal empor.

Aufstieg ab Grän über den Weg in der Nähe der Gondelbahn zum Füssener Jöchle hinauf. Die meisten aber werden die Gondelbahn nehmen. Von der Bergstation folgt man der Beschilderung zum Reintaler Joch, von dem uns der Weg zunächst in das Reintal abwärts führt. Unterhalb des felsigen Hahnenkopfes zieht dieser schmale und sehr aussichtsreiche Pfad östlich zur sichtbaren Großen Schlicke, auf deren Gipfel er zum Schluß steil, aber ungefährlich geht.

Beim **Aufstieg ab Musau** folgt man der Beschilderung zu den Eingangs erwähnten Hütten ins Reintal. Oberhalb der Höllenmühle trifft der Weg auf die für den allgemeinen Verkehr gesperrten Straße, die uns bis zur Willi-Merkel-Hütte führt. Bei der Musauer Alm (1280 m) beginnt erst der eigentliche, steile Aufstieg zum Gipfel, der so manchen Schweißtropfen und Seufzer kostet. Vor allem wenn man zu spät dran ist und einem die Sonne direkt auf den Buckel brennt.

Eine Abstiegsvariante führt unterhalb der Kleinen Schlicke nach Norden hinab zur Vilser Alpe und auf dem Alpweg (weit) hinaus nach Vils. Nur für ausdauernde und erfahrene Bergwanderer!

11 Grünten (1738 m)

Ausgangsorte:	Rettenberg (806 m), Burgberg (740 m), Kammeregg (1100 m)
Zielort:	desgleichen, Abstieg auch nach Osten bis Wertach möglich; Überschreitungen besonders schön
Stützpunkte:	Alpe Kammeregg (1180 m), Grüntenalpe (1477 m), Grüntenhaus (1535 m), Gasthaus Alpenblick (1000 m), Haus Kranzegg, Obere Schwandenalpe (1270 m)
Höhenunterschied:	von Rettenberg ca. 930 m, von der Alpe Kammeregg ca. 550 m, von Burgberg ca. 1000 m
Zeitaufwand:	ab Rettenberg ca. 2 1/2 Std., ab Alpe Kammeregg 1 1/2 Std. ab Burgberg 3 Std.
Karte:	Zumsteinkarte Nr. 6 Immenstadt - Sonthofen, 1:30 000

Beste Jahreszeit: südseitig ab Ende Mai, nordseitig 2 -3 Wochen später.

Allgemeines: Nicht umsonst wird der Grünten (Name von »der Krinnete = der Berg mit der steilen Rinne«) als Wächter des Allgäus bezeichnet. Seine Aussicht ist überaus lohnend und reicht an klaren Tagen bis zur Donau, in die Ostschweiz und bis zum Wetterstein. Sein geologischer Aufbau ist interessant: bestehen doch der Gipfelaufbau und die Südseite aus helvetischer Kreide, wie Besler oder Hoher Ifen, während aus den Steinbrüchen der Nordseite Quarzit gewonnen wird. Am Hauptgipfel steht ein Denkmal zu Ehren der in beiden Weltkriegen gefallenen Gebirgsjäger.

Von Rettenberg führt ein bezeichneter Weg am Friedhof vorbei und danach durch Wald westlich des großen Steinbruchs Pelz hinauf zur Alpe Kammeregg. Bis kurz unterhalb kann man aber auch ohne Erlaubnisschein mit dem PKW fahren. Von der bewirtschafteten Alpe führt der markierte Pfad durch die Alpweiden südwärts hinauf. Bevor man zum Grat gelangt, muß noch der Skilift unterquert werden. Über das letzte Stück der Lifttrasse und anschließend auf Serpentinen hinauf, zuletzt über leichte Felsen zum Gipfel.

Von Burgberg aus führen zwei Wege zum Grünten: der direkte, der schon unterhalb des Gasthauses Alpenblick nach links abzweigt, sowie ein Weg der von Alpe Kehr (Talstation der Materialbahn) über Alpböden, zuletzt durch etwas Wald

Der Grünten, Wächter des Allgäus

bis zum Grüntenhaus hinaufzieht. Zur Alpe Kehr gelangt man ab Gasthaus Alpenblick (Parkplatz, weiterer Weg gesperrt) über einen kleinen, asphaltierten Alpweg in etwa 1/2 Std. An der Alphütte östl. vorbei geht nun der rot markierte Weg steil hinauf, an den Schwandalpen und der Alpe Zweifelgehren vorbei. Weiter

vom Grüntenhaus (erste Unterkunftshütte des Allgäus!) hinauf zum Vorgipfel mit Sendemast. Der Grünten ist auch von seiner Ostseite her über markierte Routen zu ersteigen. Es empfiehlt sich die Wege nicht zu verlassen, da die steilen Grashänge schon Opfer gekostet haben.

Weitere Aufstiege: Etwa 500 m vor dem Gasthaus Alpenblick liegt linker Hand die Alpe Weihele. Hier kleiner Parkrand an der Straße. Markierter Weg zum Grünten.

Für Leute, die das Steile lieben: Berkmann Weg von der Alpe Kalkhöf auf der Nordseite steil hinauf zum Grat (halbwegs zwischen Grüntenhaus und Sender) Ausgangsort hierzu: Wagneritz oder Alpe Kammeregg.

Eine nette Alternative auf den Grünten ist von Kranzegg möglich, wobei man über die mautpflichtige Alpstraße bis zur Jörgalpe fahren kann. Bei dieser Gelegenheit kann man den ersten und einzigen »Lustigen Wanderweg« des Allgäus mitmachen. Er führt von Kranzegg über den Wildbachweg zunächst zum Berggasthof Kanzegg (1150 m), dann in einer Runde über die Gaißalpe zum Café Deubele und zurück nach Kranzegg. Gehzeit 90 Minuten.

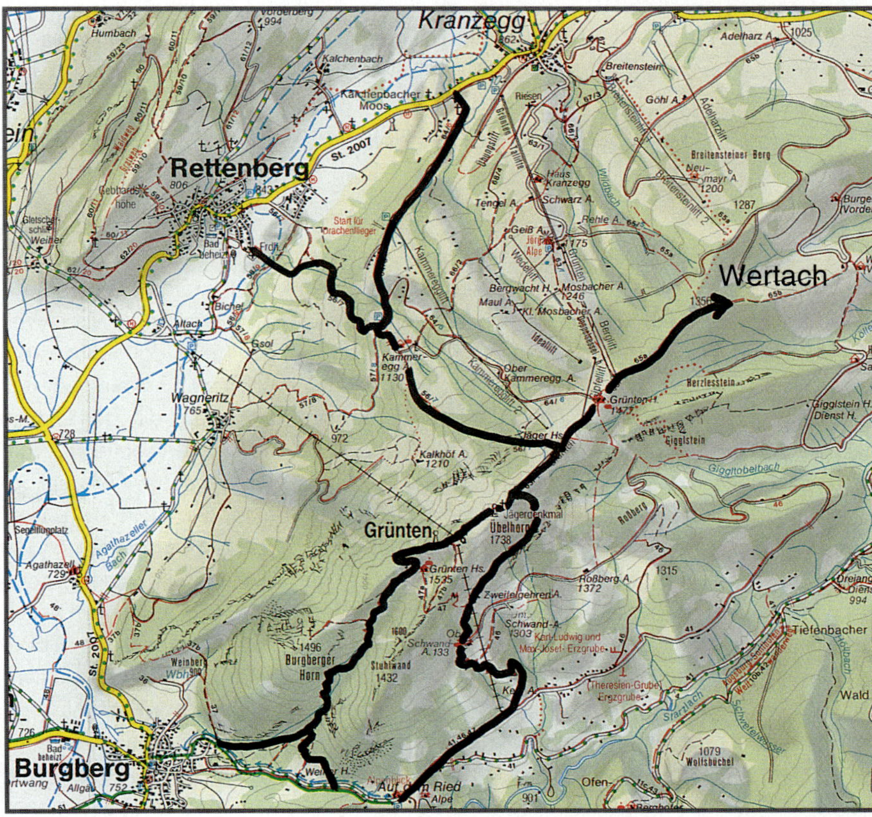

TOUR 12

Der Hindelanger Klettersteig

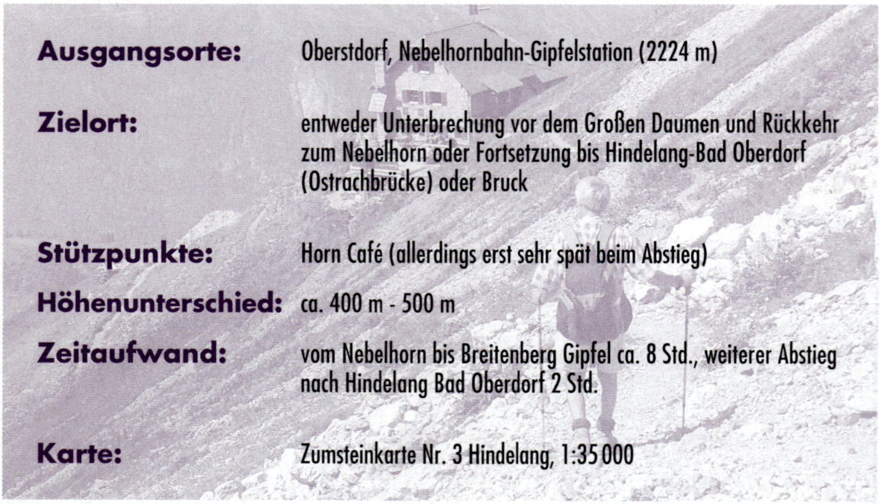

Ausgangsorte: Oberstdorf, Nebelhornbahn-Gipfelstation (2224 m)

Zielort: entweder Unterbrechung vor dem Großen Daumen und Rückkehr zum Nebelhorn oder Fortsetzung bis Hindelang-Bad Oberdorf (Ostrachbrücke) oder Bruck

Stützpunkte: Horn Café (allerdings erst sehr spät beim Abstieg)

Höhenunterschied: ca. 400 m - 500 m

Zeitaufwand: vom Nebelhorn bis Breitenberg Gipfel ca. 8 Std., weiterer Abstieg nach Hindelang Bad Oberdorf 2 Std.

Karte: Zumsteinkarte Nr. 3 Hindelang, 1:35 000

Beste Jahreszeit: Juli - Oktober.

Allgemeines: **ACHTUNG,** wer den Hindelanger Klettersteig machen will, muß Erfahrung im steilen Felsgelände und eine sehr gute Ausdauer haben. Des weiteren muß das Wetter sicher sein. Möglichst keine Kinder unter 16 Jahren mitnehmen, ihnen fehlen häufig die Kraftreserven, die man am Klettersteig mobilisieren muß. Die Tour ist wunderschön, muß aber **absolut ernst** genommen werden. Es empfiehlt sich ein leichtes Sicherungsseil bzw. Klettergurt mit Selbstsicherung und einen Steinschlaghelm mitzunehmen. Konzentriert gehen! Genügend Brotzeit und Getränke dabei haben!

Der Wegverlauf: Üblicherweise überwindet man die Höhenmeter bis kurz vor dem Einstieg mit Hilfe der Nebelhorn-Bahn, was man angesichts des langen Weges verstehen kann. Man sollte dann aber die allererste Bahn am Morgen nehmen. Ab der Gipfelstation wendet man sich östlich hinüber zum nahen Einstieg, der gleich mit einer Leiter beginnt. Leider trennt diese nicht alle Spreu vom Weizen, so daß manchmal oben am Grat ein paar Leute stehen, die dort eigentlich nicht hingehören. Vom westlichen Wengenkopf führt der Klettersteig über den stark gegliederten Grat der Wengenköpfe in nordöstliche Richtung zum steilen östl. Wengenkopf. Dabei sind eine Reihe kleinere aber steile Ab- und Anstiege zu machen, die teilweise mit Tritten und Seilen gesichert sind. An einer Stelle gibt es

Der Hindelanger Klettersteig ist nur etwas für schwindelfreie und ausdauernde Wanderer

ein Felsenfenster, durch das der nördlich liegende Grünten hereinschaut. Etwa nach 2 1/2 - 3 Std. erreicht man nach einem Steilabstieg den Weg, der durchs Koblat kommt und zum Großen Daumen führt. Entweder kehrt man jetzt um und geht zum Nebelhorn auf diesem Weg zurück, oder man steigt über den Großen Daumen nordöstlich zum Kleinen Daumen und von diesen auf seiner Nordseite steil ab zur »Schneide«, einem schmalen Grat zwischen dem Retterschwanger- und dem Ostrachtal. Der nördlich liegende Gemsbollenkopf (Heubatspitze) wird überschritten, dann folgen die Hohen Gänge zum Breitenberg mit steilen Felspassagen (Leiter, Seilsicherungen). Vor dem Gipfel des Breitenbergs kann man entweder links über die Alpe Häbelesgund, oder nach rechts über die Alpe Alp zu Tal steigen.

Notabstiege sind ins Koblat möglich bei der großen Leiter nach dem östlich. Wengenkopf und auf Höhe des Laufbichlsees.

Wer sich in den Hindelanger Klettersteig wagtt, wird mit grandiosen Aussichten belohnt

Hochgrat (1834 m)

Ausgangsorte: Steibis -Lanzenbach (830 m), Alpe Scheidwang (1317 m) im hintersten Gunzesrieder Tal

Zielort: entweder wie Ausgangsort oder Überschreitung Lanzenbach/ Scheidwang oder nach Immenstadt (Überschreitung Nagelfluhkette)

Stützpunkte: Bergstation Hochgratbahn (1730 m), Staufner Haus, Obere Lauchalpe, Untere Lauchalpe (Nords.), Nagelfluh-Überschreitung: Gundalpe (1502 m), Alpe Mittelberg (1368 m), Almagmach (1145 m) Alpe Scheidwang (1317 m), Gh. Gunzesrieder Säge (915 m) (Süds.)

Höhenunterschied: ab Lanzenbach 1000 m, ab Bergstation ca. 100 m, ab Scheidwang ca. 500 m, bei Überschreitung Hochgrat - Stuben ca. 400 m - 500 m

Zeitaufwand: Lanzenbach - Gipfel (ohne Bahn) 2 1/2 - 3 Std., ab Scheidwang 2 Std., Überschreitung nach Immenstadt ab Gipfel ca. 7 - 9 Std.

Karte: Zumsteinkarte Nr. 6 Immenstadt - Sonthofen, 1:30 000

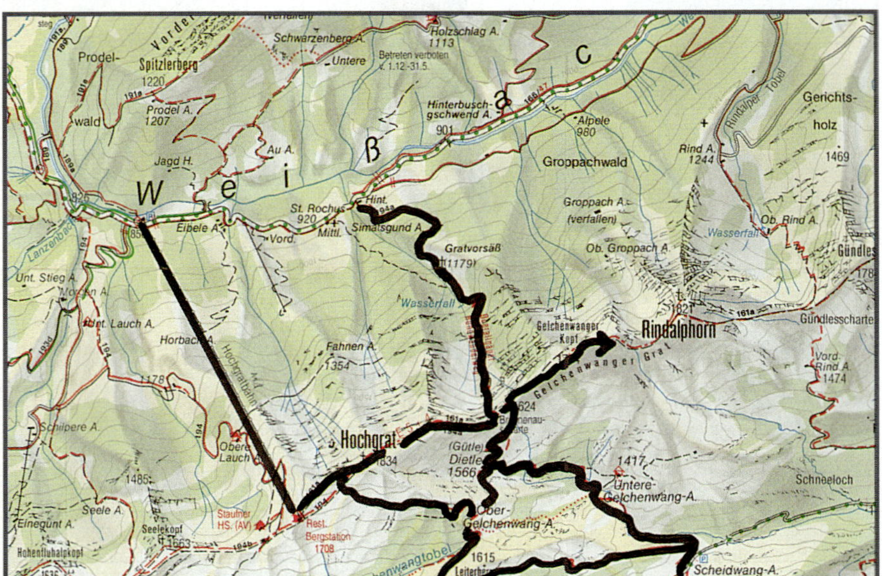

Der Hochgrat vom Seelekopf aus betrachtet

Beste Jahreszeit: Mitte Juni bis Ende Oktober.

Allgemeines: Weil der Hochgrat durch eine Bahn erschlossen ist, kann man sehr schöne und weite Wanderungen machen. Die meisten werden wohl die Bahn benutzen. Ihnen stehen dann noch alle Kräfte zur Verfügung. Die Nagelfluhkette ist sowohl geologisch wie vor allem im Frühsommer auch botanisch sehr lohnend. Die Aussicht auf der Strecke Hochgrat - Stuiben ist be-rühmt. Bei dieser Strecke ist Ausdauer erforderlich!

Aufstieg von Lanzenbach (Straße Oberstaufen - Steibis) entweder mit der Bahn und dann markiert zum Gipfel oder auf einem Alpweg vom Parkplatz Richtung Untere Lauchalpe, dann links ab auf Weg 189 a zur Oberen Lauchalpe und steiler hinauf zur Bergstation und zum Gipfel.

Von Scheidwang (Mautpflichtig ab Gunzesr. Säge) markiert zur Oberen Gelchenwang Alpe und weiter auf den Grat westlich des Gipfels. Alternativ von Scheidwang zur Brunnenauscharte (1624 m) und vom Osten zum Gipfel hinauf.

Überquerung zum Stuiben: vom Gipfel östlich zur Brunnenauscharte (E5 + E4, 162 a), weiter auf das Rindalphorn (1821 m), über die Gündlesscharte auf den Gündleskopf (1784 m), Buralpkopf (1772m), Sedererstuiben (1737 m) und Stuiben (1749 m). Abstieg über Mittelberg und Almagmach nach Immenstadt.

TOUR 14

Hochplatte (2082 m)

Ausgangsorte: Gasthaus Ammerwald Alm (1050 m), an der Straße von Reutte nach Linderhof; Alternativ von der Bergstation Tegelberg (1707 m) oder Kenzenhütte (1294 m)

Zielort: Rückkehr zum Ausgangsort oder Übergänge

Stützpunkte: Unterwegs keine

Höhenunterschied: ab Ammerwald Alm 1030 m

Zeitaufwand: Aufstieg von Ammerwald Alm 3 - 4 Std., Abstieg 2 1/2 Std.

Karte: Zumsteinkarte Nr. 1 Füssen, 1:30 000

Beste Jahreszeit: Ende Juni bis Ende September.

Allgemeines: Die Hochplatte gehört zu den herausragenden Aussichtsgipfeln im Ostallgäu. Da sie mitten in den Ammergauer Bergen liegt, reicht der Blick auch weit in diese, sowie hinüber nach Tirol. Die Besteigung ist teilweise nicht ganz einfach, man sollte trittsicher und ausdauernd sein. Für Kinder nur bedingt geeignet. An klaren Tagen eine schöne Bergtour mit faszinierendem Panoramablick!

Die Hochplatte, einer der schönsten Ostallgäuer Aussichtsberge

Aufstieg von der Ammerwald Alm: Man verläßt den Parkplatz am Gasthaus und wendet sich durch den Wald (Wegweiser Hochplatte) in das Roggental. Der gleichnamige Bach wird bald überquert, danach geht es steil aufwärts. In etwa 1300 m Höhe überquert man den Bach ein zweites Mal und gelangt zum Punkt 1459 auf der Karte. Hier teilt sich der Weg. Links ab kommt man über diei Roggenbachgabel zur Westseite der Hochplatte, rechts ab führt der Pfad weiter aufwärts zum Weitalpjoch (1778 m), wo man eine besonders schöne Aussicht zur Großen Klammspitze hat. Über den Ostgrat der Hochplatte führt nun der Steig zum Gamsangerl, einer grünen Wanne inmitten der Felsen. Aussichtsreich steigt man jetzt dem nahen Gipfelkreuz entgegen. Der Abstieg kann nach Westen geschehen, wobei eine kurze, aber gesicherte Kletterstelle unschwierig zu überwinden ist. Am Ende des Westgrates kommt man am »Fensterl« vorbei, durch das man z. B. zur Kenzenhütte oder in Richtung Tegelberg absteigen könnte. Über die Roggentalgabel, einem Sattel zwischen Hochplatte und Hochblasse, kann man zum Punkt 1459 m absteigen und von diesem auf der Austiegsroute zurück ins Tal gelangen.

Vom »Fensterl« ist die nahe Krähe unschwierig und kurzfristig zu besteigen, auch die Hochblasse kann man ab Roggentalgabel leicht nach mitnehmen.

Hochvogel (2593 m)

Ausgangsorte:	Hinterhornbach (1100 m), Hinterstein-Giebelhaus (1100 m)
Zielort:	am besten jeweils zurück
Stützpunkte:	Prinz-Luitpold-Haus, bewirtschaftet (1846 m), Schwabenegg Alpe bewirtschaftet (1700 m)
Höhenunterschied:	Hinterhornbach-Gipfel ca. 1500 m! Giebelhaus - Prinz-Luitpold-Haus ca. 750 m, Prinz-Luitpold-Haus - Gipfel ca. 750 m
Zeitaufwand:	von Hinterhornbach über Bäumenheimer Weg ca. 4 Std., über Fuchsensattel ca. 5 - 5 1/2 Std., Giebelhaus - Prinz-Luitpold-Haus 2 Std., weiter zum Gipfel ca. 2 1/2 - 3 Std.
Karte:	Zumsteinkarte Nr. 3 Hindelang, 1:35 000

Beste Jahreszeit: Anstieg vom Süden 3-4 Wochen früher möglich (Juni-Oktober).

Allgemeines: Zwar ist der Hochvogel nicht der höchste, wohl aber einer der ausgeprägtesten Gipfel. Zwei Steiganlagen, vom Norden und vom Süden, erleichtern den Anstieg für den »normalen« Berggeher. Die Aussicht vom Gipfel dieses dem alpinen Kalk zugehörenden Gipfels ist bemerkenswert. Bei entsprechender Vorsicht können durchaus auch Kinder ab etwa 14 Jahren mitgenommen werden.

Aufstieg von Hinterhornbach: auf bez. Weg beim Wirtshaus rechts (nördlich) hinauf, zuerst durch Wald, dann über freies Alpgebiet zur Schwabegg Alpe (1700 m), ca. 1 1/2 Std. Nun weiter bis P. 1977, wo sich der Weg teilt: rechts ab führt er zum Fuchsensattel und weiter durch das Fuchskar zum Prinz-Luitpold-Haus, links biegt der sgn. »Bäumenheimer Weg« ab, der allerdings nicht in jeder Karte richtig verzeichnet ist. Da er jedoch deutlich und stellenweise bez. ist, macht dies nicht so viel aus. Fast eben quert man das ganze Roßkar und steigt dann über Schrofen und Geröll über die P. 2253 und 2412 auf den Südrücken. An den Steilwänden führt die Route etwas rechts hinein in eine aus Richtung der Ostschulter herabziehende Rinne. Sie verläßt diese aber wieder und windet sich über Bänder und eine deutliche Rippe hinauf zum Gipfelkreuz. Diese Route ist besonders attraktiv, aber auch steinschlaggefährdet! **Nur für Geübte!**

Aufstieg vom Giebelhaus: zunächst auf dem

Alpweg Bärgündeletal südwärts, bei den Wasserfällen überschreitet man den Bach und ist gleich bei der Unteren Bärgündelealpe (1323 m). Nun weiter dem bez. Weg nach südöstl. über steile Alpweideflächen hinauf zur Oberen Bärgündele Alpe und zum Schluß etwas mühsam durch die vom Widemer herabziehende Schuttreiße zum Pr.-L.-Haus (1 1/2 Std.). Auf bez. Steig hinauf zur Kreuzspitze, den Weg zur Balkenscharte-Fuchskar links liegen lassend. Über steile Stufen hinab zur Kaltwinkelscharte 2282 m. Hier trifft man auf den ob seiner Vereisungsgefahr berüchtigten Aufstieg über den Kalten Winkel. Die senkrecht auftragende Westschulter wird auf der »Schnur« umgangen, einem Band das hinauf zu P 2433 leitet. Von hier leicht zum Gipfel (mit Kreuzspitze ca. 3 Std.).

Überschreitung: Aufstieg wie beschrieben vom Prinz-Luitpold-Haus, danach Abstieg über den Bäumenheimer Weg, Querung nach Osten bis P 1977 und Rückkehr zum Pr. L. Haus über Fuchsensattel (oder umgekehrt). Man kann auch statt über die Kreuzspitze zu gehen den Normalaufstieg über den Kalten Winkel nehmen. (ca. 2 1/2 Std. ab Prinz-Luitpold-Haus).

Majestätisch erhebt sich der Hochvogel

TOUR 16

Höferspitze (2134 m)

Ausgangsorte: Baad im Kleinwalsertal (1244 m), Hochtannbergpaß (1676 m)

Zielort: desgleichen, auch Abstieg nach Bödmen möglich

Stützpunkte: Bärgundhütte (1391 m), ggf. Obere Widdersteinalpe (2009 m) und Hintere Gemstelalpe (1320 m)

Höhenunterschied: ca. 900 m

Zeitaufwand: von Baad ca. 2 1/2 - 3 Std., vom Hochtannbergpaß ebenfalls ca. 2 1/2 - 3 Std.

Karte: Zumsteinkarte Nr. 5 Kleinwalsertal, 1:25 000

Auf dem langen Grasrücken vom Hochalppaß zur Höferspitze

Beste Jahreszeit: Juni bis Oktober, von Süden oft 2 Wochen früher als von Baad.

Allgemeines: Die Walserberge westlich der Breitach bilden bei Baad eine regelrechte Umrahmung aus lohnenswerten, selten besuchten Gipfeln. Sie sind teilweise nur mit größter Vorsicht zu besteigen, da sie steil und grasbewachsen sind. Ihre botanische Vielfalt läßt sie freilich genauso wie ihre Aussicht zu lockenden Zielen werden. Der gesamte Gratübergang vom Hochalppaß zum Starzeljoch ist nur Könnern vorbehalten und dauert ca. 8 Stunden. Geologisch wechselt der Allgäuer Fleckenmergel mit Hauptdolomit, was die Vielfalt der Pflanzen hervorruft. Der südlichste Gipfel dieses langen Grates ist die Höferspitze, die unschwer erstiegen werden kann. Auf ihrem vom Hochalppaß heraufziehenden Ostgrat sind seltene Bergblumen recht häufig. Ihre Aussicht ist, da der Gipfel auf der Ecke des Gratweges sich befindet, weitschweifig nach Süden, Westen und Norden, während im Osten der nahe Felsenklotz des Widdersteins in atemberaubender Nähe liegt.

Aufstieg von Baad folgt man dem südlich durchs Bärgundtal Richtung Hochalppaß ziehenden Weg, der gut zu gehen ist. Bis zur Bärgunthütte braucht man am Bärguntbach entlang ca. 45 Minuten. Die steilen Aufstiege kommen am Talende zum Hochalppaß. Das Ziel ist schon länger sichtbar, gleichfalls der grasüberwachsene Ostgrat. Auf Paßhöhe biegt man rechts zum Grat ab und gelangt einfach zum Gipfel.

Vom Hochtannbergpaß im Süden folgt man dem Weg östlich der Paßhöhe zum Hochalppaß (vorher Abzweig beim Gasthaus Adler zur Oberen Widdersteinalpe). Ab Hochalppaß zum Gipfel wie vorher.

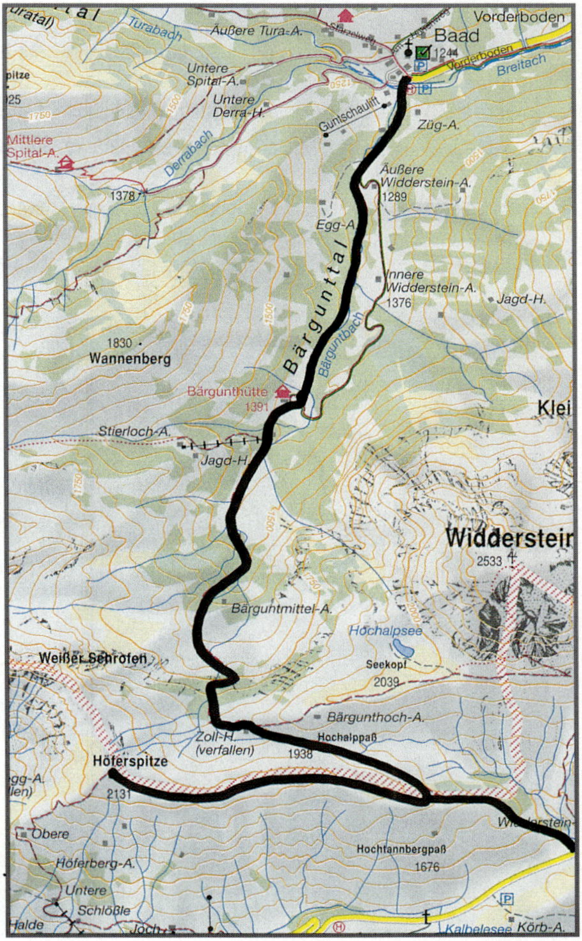

TOUR 17

Hoher Ifen (2230 m)

Ausgangsorte:	Riezlern im Kleinwalsertal, Auenhütte (1280 m), Schwarzwasserhütte (1650 m)
Zielort:	desgleichen, auch Überschreitung von der Auenhütte zur Schwarzwasserhütte empfehlenswert
Stützpunkte:	Schwarzwasserhütte, bewirtschaftet (1650 m)
Höhenunterschied:	ab Bergstation Ifenhütte bis Gipfel ca. 630 m, ab Schwarzwasserhütte ca. 600 m
Zeitaufwand:	von Ifenhütte 2 Std., von Schwarzwasserhütte 2 1/2 Std.
Karte:	Zumsteinkarte Nr. 5 Kleinwalsertal, 1:25 000

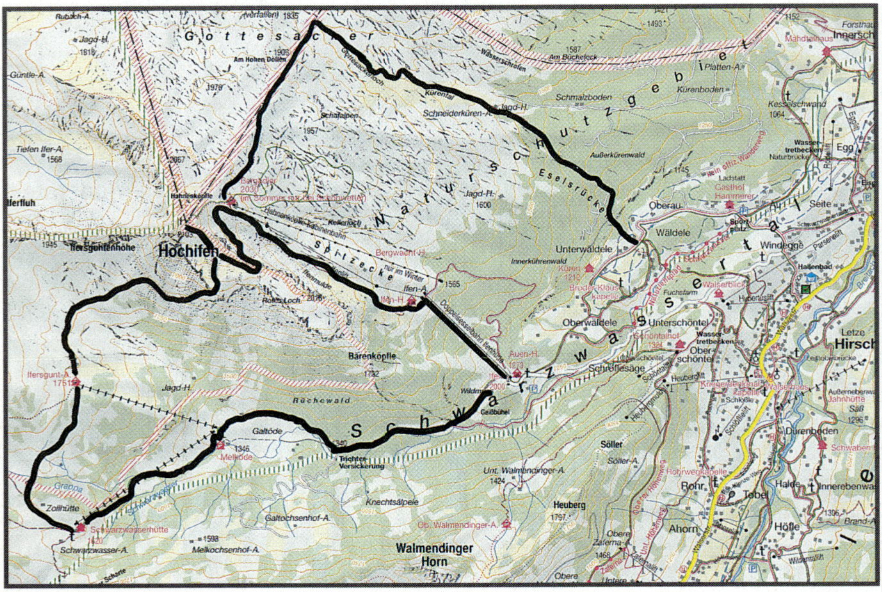

Der Hohe Ifen

Beste Jahreszeit: Von der Ifenhütte wegen Schneelage in der Ifenmulde etwa ab Juli, von Süden her 3 Wochen früher.

Allgemeines: Der Hohe Ifen, sowie seine unmittelbare Umgebung im Norden, das sogen., Gottesackerplateau, gehören geologisch der Helvetischen Kreide an. Das Gebiet ist eines der interessantesten Bayerns, so daß sich schon wegen der erodierten Kreideformationen eine Begehung lohnt. Der Ifen selbst stürzt mit senkrechten Mauern ab und liegt wie eine schiefe Burg auf seinem Untergrund.

Aufstieg von der Auenhütte: Auffahrt mit der Sesselbahn zur Ifenhütte (1592 m). Von da westlich steil über Weideböden zur Ifenmulde hinauf, die sich nördlich der Ifenmauer bis zum Hahnenköpfle erstreckt. Nun am nördlichen Rand der Mulde auf bez. Serpentinen-Weg hinauf. Durch die scheinbar abweisende Felsmauer führt nach schräg links ein drahtseilgesicherter Weg zum Plateau empor. Hier rechtshaltend über die schrägen Grasflächen hinauf zum Gipfel.

Von der Schwarzwasserhütte: Zunächst geht es von der Auenhütte (hier großer Parkplatz) in südwestlicher Richtung auf bez. breitem Weg in das Schwarzwas-

Blick auf die schön gelegene Schwarzwasserhütte mit Ifen

sertal hinein. Weiter geht es nur unwesentlich bergauf. Hinter der Melködenalpe auf steilem Weg zu der etwa 300 m höher gelegenen Schwarzwasserhütte (bewirtschaftet). Nun auf teilweise bez. Steig in allgemeiner Nordrichtung zum gegenüberliegenden Ifen. Zuerst über Weideböden hinauf zur Ifersguntalpe, weiter in einem weiten Bogen durch die Geröllhalden, die sich südlich vom Ifen herabziehen bis zu einer großen, leicht zu ersteigenden Bresche in der sonst steilen Südwand des Ifens. Nach dieser drahtseilgesicherten Passage führt der Weg über steiles Grasgelände zum Gipfel.

Eine Variante für den Abstieg: Vom Ifengipfel zurück zum Hahnenköpfle (Bergrestaurant, bew.) und dort auf bez. Steig über das nördlich anschließende wunderbare Gottesackerplateau bis zum tiefsten Punkt vor den Gottesackerwänden. Hier östlich hinab über die Schneiderkürenalpe durch das Kürental zum Ortsteil Wäldele und zurück zur Auenhütte (langer Abstieg. Gehzeit 3 1/2 Std.

Das Ifen-Gebiet wird auch im Winter gerne von Wintersportlern aller Art begesucht. Die Ifen-Bergbahnen bieten einen reizvollen Winterwanderweg auf 2000 m, der auch älteren Fußgängern die hochalpine Umgebung zugänglich macht.

TOUR 18

Imberger Horn (1656 m)

Ausgangsorte:	Hindelang (825 m), Imberg (900 m)
Zielort:	Überschreitung von einem Ausgangsort zum anderen, alternativ Abstieg über den Straußbergsattel ins Rettenschwangertal und zurück nach Bad Oberdorf - Hindelang
Stützpunkte:	Strausberg Hütte (1211 m), Neue Strausberg Alpe (1227 m), auf der SW-Seite, Lift-Gaststätte der Horn Sesselbahn (ca. 1300 m), Mitterhaus (1081 m), Horn Café, Alpe Sonthofener Hof (1180 m)
Höhenunterschied:	ab Hindelang 830 m, ab Bergstation Sesselbahn ca. 350 m, ab Imberg 750 m
Zeitaufwand:	ab Parkplatz Hindelang 2 1/2 - 3 Std., ab Bergstation Sessellift 1 - 1 1/4 Std., ab Imberg 2 1/2 Std.
Karte:	Zumsteinkarte Nr. 3 Hindelang, 1:35 000

Das Imberger Horn

Beste Jahreszeit: Juni - Oktober.

Allgemeines: Eine schöne Familienwanderung auch noch für den Nachmittag geeignet. Unschwierig, mit schöner Aussicht vom Gipfelkreuz. Überschreitung zum Strausbergsattel empfohlen. Blick auf Rotspitze, und Breitenberg gegenüber und ins Retterschwangertal eindrucksvoll.

Aufstieg v. Hindelang: Ab Parkplatz Hornbahn auf bez. Steig, z.T. steil bis zur Bergstation. Dort rechts ab (Oberallgäuer Rundwanderweg, 7 d, 12 b) und nach einiger Zeit an der NW-Seite des Gipfels links in steilem Aufstieg über die Ostseite zum Gipfelkreuz. Gleicher Weg bei Benutzung der Sesselbahn ab Bergstation.

Von Imberg: Auf dem Alpweg über den Strausberg, mit Abkürzungen einzelner Kurven zur Strausberg Hütte, dort östlich durch Wald zur Kreuzung mit dem o.a. Rundwanderweg. Diesen links ab bis zum gleichen Aufstieg wie von Hindelang.

Abstieg: Vom Gipfelkreuz über den langen Grat nach Süden zum Strausbergsattel hinab. Von dort entweder rechts ab über die Strausbergalpe nach Hindelang oder links hinter zum Mitterhaus. Von Strausbergsattel kann man auch einen Pfad, später einen Alpweg zur Alpe Sonthofer Hof benutzen. Unterhalb dieser Alphütte führt ein interessanter Weg durch den Löwenbachtobel zurück auf die Straße nach Imberg.

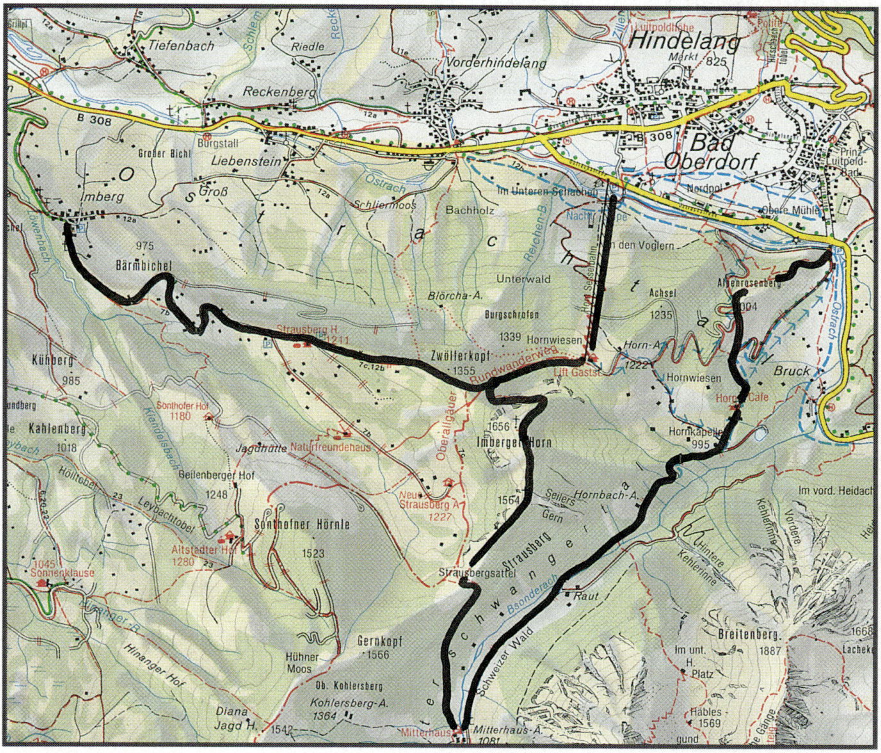

TOUR 19

Iseler (1876 m)

Ausgangsorte: Oberjoch (1136 m), Jochpaßhöhe Parkplatz (1200 m), Bad Oberdorf (822 m)

Zielort: wie oben, Überschreitungen möglich, Abstiege auch nach Schattwald (Tirol) und Hinterstein möglich

Stützpunkte: Mattli Haus (Talstation Sesselbahn), Iseler-Platz-Hütte (1660 m), Zipfels Alpe (1526 m), Stuiben Alpe im Tannheimer Tal (1359 m)

Höhenunterschied: ab Oberjoch 700 m, ab Bergstation Sesselbahn 200 m, ab Jochpaß ca. 650 m, ab Bad Oberdorf ca. 1050 m

Zeitaufwand: ab Oberjoch 2 Std., ab Bergstation Sessellift 45 Min., ab Jochpaß über Kühgundrücken ca. 2 1/2 - 3 Std., ab Bad Oberdorf ca. 3 Std.

Karte: Zumsteinkarte Nr. 3 Hindelang, 1:35 000

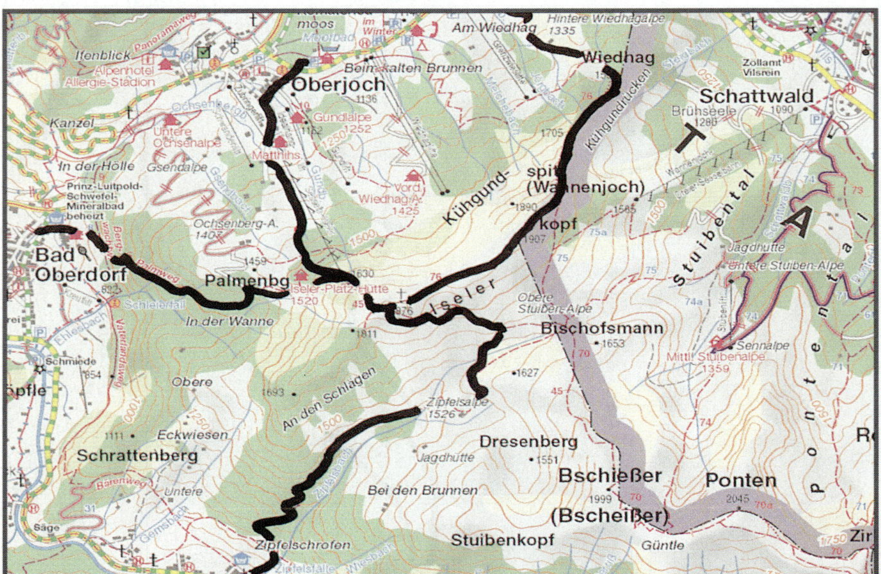

Beste Jahreszeit: Ab Ende Juni bis Ende Oktober.

Allgemeines: Der aus Kalkgestein aufgebaute Iseler ist ein bekannter Skiberg. An seinen Nordhängen gibt es einige Lifte. Doch auch in der schneelosen Zeit bietet er herausragende Wandermöglichkeiten. Von seinem Gipfelkreuz schweift der Blick weit über Ostrach- und Tannheimer Tal und zu den Bergen nördlich und südlich. Die Wege zu seinem Gipfel sind unschwierig und eignen sich für die wanderfreudige Familie sehr gut. Dazu trägt natürlich auch die Sesselbahn das ihre bei. Trotzdem sei im folgenden die Benutzung der Bahn für den Abstieg empfohlen, der bekanntlich mehr in die Beine geht als der Aufstieg.

Auf dem Grat zum Iseler-Gipfel

Aufstieg von Oberjoch: westlich der Sesselbahn führt ein Weg hinauf zur Iseler-Platz-Hütte und von dort in steilen Serpentinen zum Grat westlich des Gipfels und in kurzer Zeit auf diesen. Gleichen Weg ab Bergstation Sesselbahn.

Vom Jochpaß: Vom kleinen Parkplatz an der Paßhöhe wendet man sich südlich und steigt zur Hinteren Widhag Alpe auf (Alpweg). Von dort geht es halblinks auf den gut überschaubaren Kühgundrücken hinauf und auf dessen Schneide zum Kreuz beim Wannenjoch. Von hier zum Gipfel des Kühgundkopfes (1907 m), jenseits hinab und westlich ansteigend zum Iselergipfel. Abstieg wieder zur Sesselbahn.

Von Bad Oberdorf: Über den Palmweg zur Iseler-Platz-Hütte (steil) und wie vor zum Gipfel.

Abstiege auch über die Zipfelsalpe steil nach Hinterstein, oder über Obere und Untere Stuibenalpe nach Schattwald.

Kemptener Hütte - Prinz-Luitpold-Haus

Ausgangsorte:	Oberstdorf-Spielmannsau (983 m) - Kemptener Hütte (1845 m)
Zielort:	Prinz-Luitpold-Haus - Giebelhaus - Hinterstein (1066 m)
Stützpunkte:	Kemptener Hütte, bewirtschaftet (1845 m), Prinz-Luitpold-Haus, bewirtschaftet (1846 m), Giebelhaus, bewirtschaftet (1066 m) Oytalhaus, bewirtschaftet (1010 m), Käseralpe (1400 m)
Höhenunterschied:	Spielmannsau - Kemptener Hütte ca. 850 m, von Hütte - Fürschießersattel ca. 400 m, weiter bis Prinz-Luitpold-Hs. ca. 250 - 350 m
Zeitaufwand:	von Kemptener Hütte bis Prinz-Luitpold-Haus ca. 6 1/2 - 7 Std.
Karte:	Zumsteinkarte Nr. 4 Oberstdorf - Fischen, 1:30 000

Beste Jahreszeit: Juli bis September.

Allgemeines: sehr schöne, aussichtsreiche und stellenweise botanisch interessante Höhenwanderung, die entsprechende Kondition verlangt, aber nicht schwer ist.

Abstiegsmöglichkeiten unterwegs: vom Kreuzeck nach Spielmannsau (schwierig) vom Seichereck nach Gerstruben, vom Wildenfeld zum Oytalhaus, von der Schönberg-Alpe zum Giebelhaus.

Route: von der Kemptener Hütte (1845 m) zunächst Richtung Mädelejoch ansteigend, dann nach Osten abbiegend im weiten Bogen unter dem Muttler und den Krottenspitzen hinauf auf den Fürschießersattel 2207 m (1 1/2 Std). Jenseits steil in Kehren hinab ins »Märzle«, das weit in den Sommer hinein mit Schnee angefüllt sein kann. Nun den Rücken ansteigend aufs Kreuzeck (2374 m, 1 Std.). Hier biegt nach links der Bettlerrücken ab, über den dann Schwindelfreie hinab ins Traufbachtal gelangen können. Vom Kreuzeck zum Rauheck (2384 m) nur wenig Höhenverlust. Botanisch interessant! Vom Rauheck biegt der Weg nach Nordwesten abwärts bis P 2044-Seichereck (Trittsicherheit erforderlich). Hier scharf rechts zum Eissee hinab (1829 m) und weiter unter den NW-Wänden der Wilden hindurch zum Wildenfeldhüttchen (1695 m). Notunterstand. Abzweigung ins Oytal, Einkehr in Käseralpe möglich. Jetzt die Geröllhalden des Großen Wilden nach Nordosten bis zum Mitteleck (1822 m), zu dem

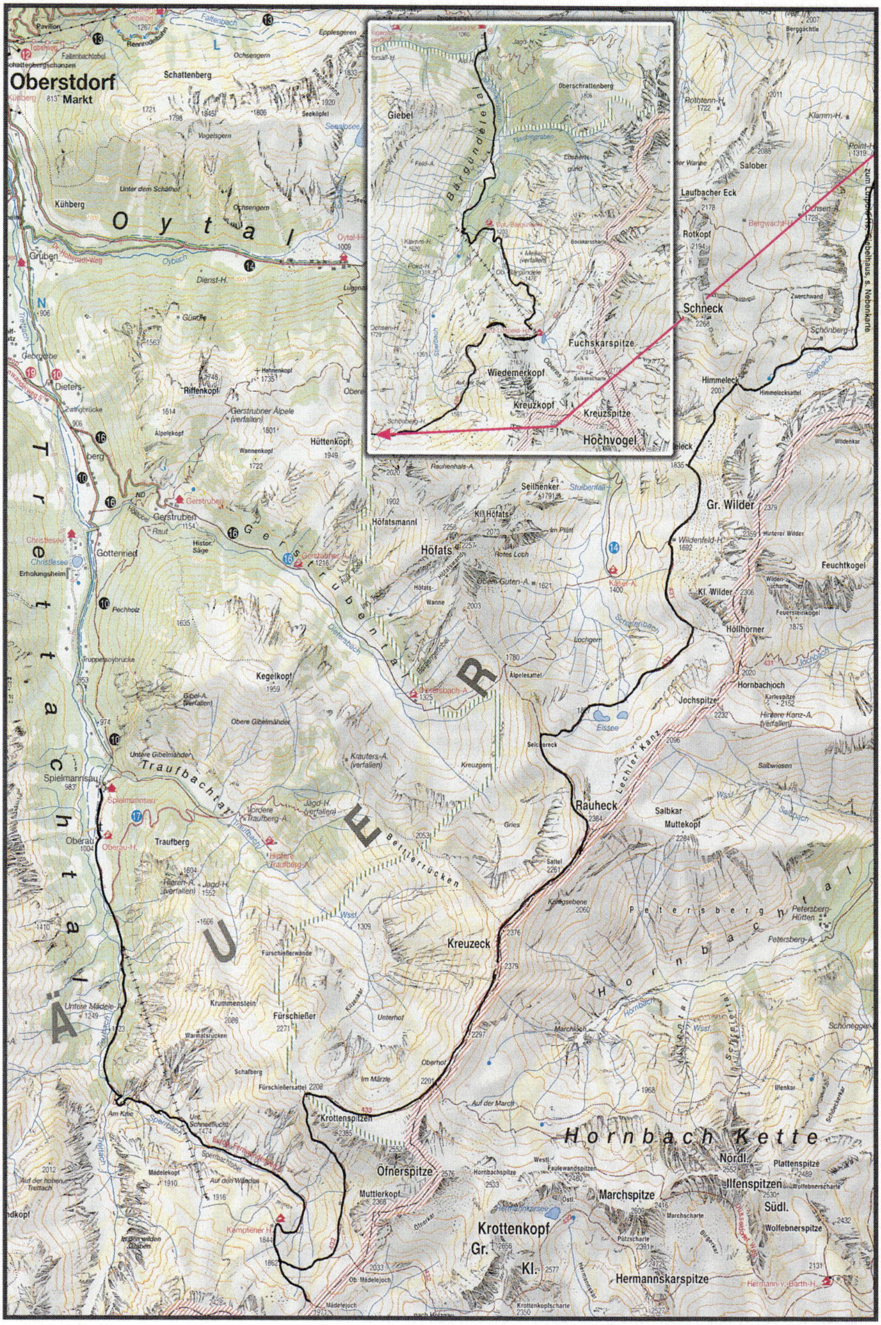
Oberstdorf
Markt
Schattenberg
Oytal
Kühberg
Gruben
Dietersberg
Gerstruben
Gottenried
Riffenkopf
Hüttenkopf
Höfatsmannl
Höfats
Kl. Höfats
Seilhenker
Kegelkopf
Traufbachtal
Spielmannsau
Oberau
Traufberg
Trettachtal
ALLGÄUER
Fürschießer
Krummenstein
Kreuzeck
Rauheck
Krottenspitzen
Öfnerspitze
Muttlerkopf
Krottenkopf
Gr.
Kl.
Hermannskarspitze
Marchspitze
Ilfenspitzen
Nördl.
Südl.
Hornbach Kette
Hornbachtal
Petersberghtal
Jochspitze
Höllhörner
Kl. Wilder
Gr. Wilder
Feuchtkogel
Himmeleck
Schneck
Rotkopf
Laufbacher Eck
Salober
Bärgündeletal
Giebel
Oberschrattenberg
Fuchskarspitze
Wiedemerkopf
Kreuzkopf
Kreuzspitze
Hochvogel
zum Prinz-Luitpold-Haus s. Nebenkarte

Auf dem Weg von der Kemptener Hütte zum Prinz-Luitpold-Haus

von links herauf der Gaisbachtobelweg kommt.
Vom Mitteleck geht es steil weiter nordwestlich bis zum Himmeleck hinauf (2004 m). Von hier aus herrlicher Blick auf die Höfats! Am Himmeleck gabelt sich der Weg. Links ab geht es zum Laufbachereck und zum Nebelhorn, rechts hinunter über Grashänge zur Schönberghütte. Kurz danach zweigt der Weg links hinab zum Giebelhaus. Eine Abkürzung der Tour ist von hieraus möglich. Weiter zum tiefsten Punkt des Weges bei Punkt 1597. Jetzt durch den weitläufigen Kessel mit steilen Grashalden und durch Erlengebüsch schließlich zur Geröllhalde unterhalb des Wiedemer. Wir wandern nordwestlich um diesen herum, der uns, steil ansteigend, hinauf zum Prinz-Luitpold-Haus (1846 m) führt. Abstieg von dort zum Giebelhaus über die Bärgündle Alpen. Bustransfer vom Giebelhaus bis nach Hinterstein. Von dort gelangt man weiter nach Hindelang, Oberjoch und Sonthofen.

Variante: Vom Rauheck aus besteht die Möglichkeit zum Älpele Sattel abzusteigen und von dort weiter zur Käseralpe zu gehen.

TOUR 21 Kratzer (2428 m)

Ausgangsorte:	Oberstdorf-Spielmannsau (983 m)
Zielort:	desgleichen, Abstieg auch ins Lechtal oder Übergang zur Rappensee Hütte oder zum Prinz-Luitpold-Haus möglich
Stützpunkte:	Kemptener Hütte (1846 m)
Höhenunterschied:	von Spielmannsau 1445 m!
Zeitaufwand:	Spielmannsau - Kemptener Hütte 2 1/4 Std., Hütte Gipfel 2 Std.
Karte:	Zumsteinkarte Nr. 4 Oberstdorf - Fischen, 1:30 000

Beste Jahreszeit: Juli - Anfang Oktober.

Allgemeines: Im Allgäuer Hochalpenkamm gelegen bietet dieser Hauptdolomitgipfel den Anblick von einer zerborstenen Burg. Vom Tal aus sind seine drei Gipfel ein Wahrzeichen von Oberstdorf. Von der Südseite sieht man die Trümmer einer fortdauernden Erosion bis weit über den Heilbronner Weg verstreut. Sein kreuzgeschmückter Hauptgipfel ist nicht allzuschwierig zu erreichen, wenngleich der Weg von Oberstdorf nach Spielmannsau und weiter über die beliebte Kemptener Hütte bis hinauf sehr weit ist und absolute Kondition verlangt. Natürlich kann man beim Abstieg auf der Hütte übernachten und hat somit den Druck weg, noch bis ins Tal zu müssen. Die Übernachtung empfiehlt sich auf jeden Fall, wenn man den ganzen Heilbronner Weg machen möchte. Freilich kann der Ausdauernde vom Kratzer noch weiter bis zur Rappensee Hütte gehen!

Aufstieg: Nach Spielmannsau geht's entweder mit dem Stellwagen, per Fahrrad oder zu Fuß. Ab Parkplatz Renksteg sollte man 1 1/2 - 2 Std. rechnen, bis man sich auf den langen Aufstieg über die Alpe Oberau, durch den atemberaubenden Sperrbachtobel zu den Weiden der Oberen Mädelealpe mit der Kemptener Hütte machen kann. Dieser Aufstieg ist nie langweilig, er führt unten durch Wald, dann über eine Hochstaudenflora in den engen

Der Kratzer gilt auch als ein Wahrzeichen Oberstdorfs

Sperrbachtobel, der im Winter von Lawinen zugeschüttet wird, deren Reste oft auch im Sommer noch zu sehen sind. Von der Hütte folgt man dem Weg zum westlichen Mädelejoch. Ab hier führt er als Heilbronner Weg nach Westen aufwärts. Genau südlich des Kratzers findet man Steigspuren, die auf den unweit liegenden Gipfel führen. Man kann aber auch weglos ein Kar nach oben steigen und sich am Grat nach links zum Haupfgipfel wenden. Achtung, auf Steinschlag achten!

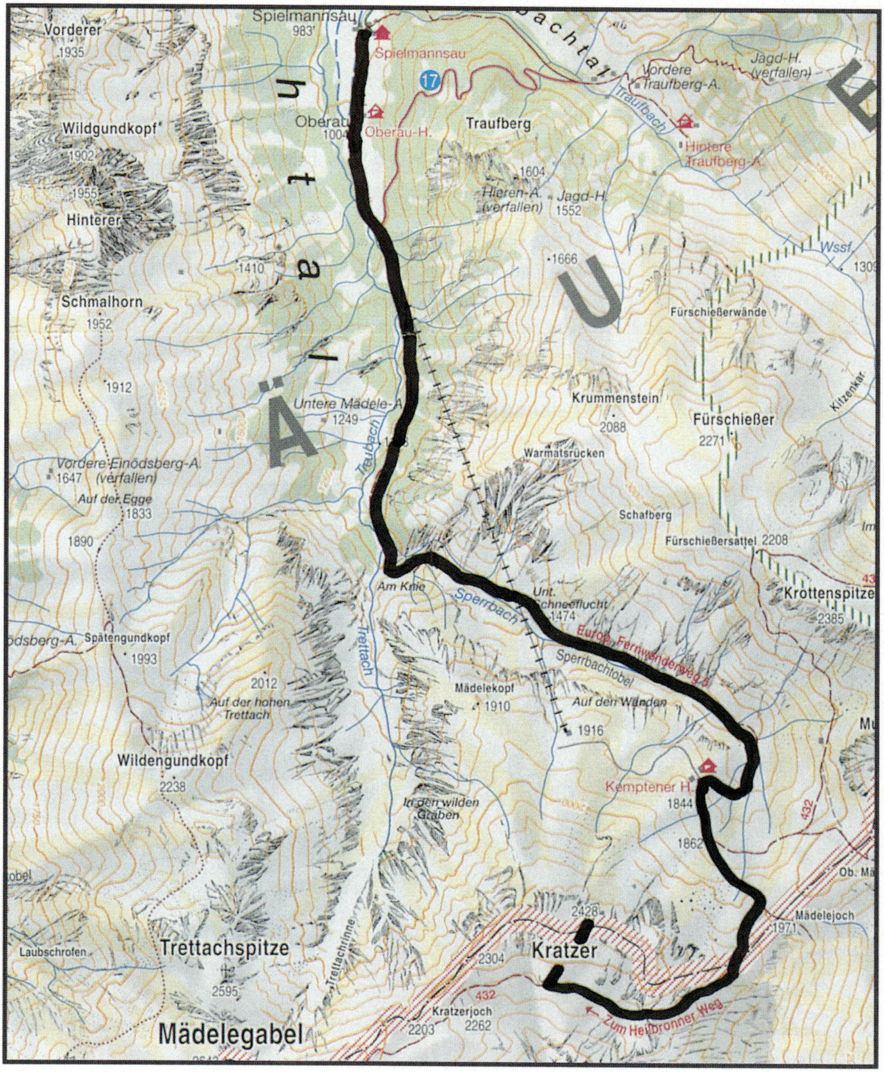

TOUR 22

Mittag - Steineberg-Stuiben

Ausgangsorte:	Immenstadt (735 m), Gunzesried-Säge (900 m)
Zielort:	desgleichen
Stützpunkte:	Mittag Bergstation (1451 m), Almagmach (1135 m), Alpe Gund (1500 m), Alpe Mittelberg (1368 m)
Höhenunterschied:	bei Benutzung der Mittag-Schwebebahn insg. ca. 400 m, sonst ca. 1000 m, ab Gunzesried-Säge ca. 900 m
Zeitaufwand:	Mittag Gipfel (Sessellift-Bergstation) - Steineberg ca. 1 1/2 Std., weiter bis Stuiben ca. 1 1/2 Std., Abstieg nach Immenstadt 2 1/2 Std., Gunzesried über Alpe Vorderkrumbach zum Bärenköpfle 1 1/2 Std. oder direkt zum Steineberg über Alpe Steineberg ca. 2 Std. Aufstieg von Gunzesried-Säge in 2 - 2 1/2 Std. zum Stuiben
Karte:	Zumsteinkarte Nr. 6 Immenstadt - Sonthofen, 1:30 000

Das Gipfelziel unserer Tour, der Stuiben

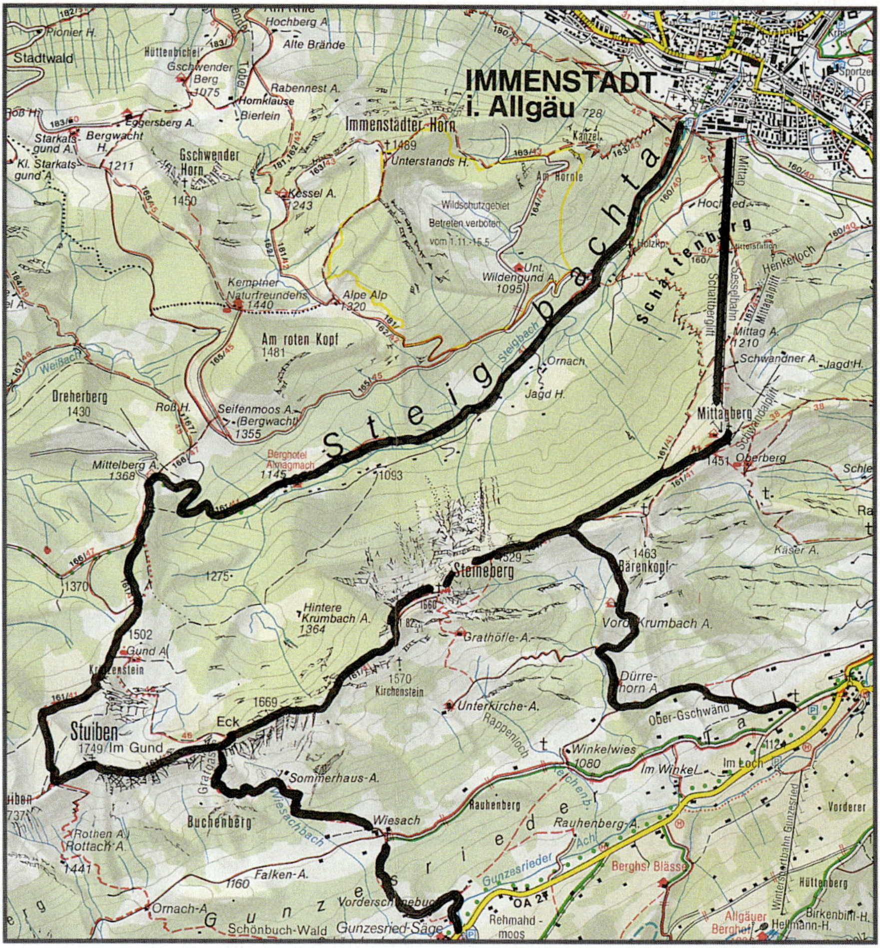

Beste Jahreszeit: nordseitig ab Mitte Juni, südseitig oft schon ab Mitte Mai.

Allgemeines: Eine der beliebtesten Touren in den Allgäuer Vorbergen! Dank der Sesselbahn auf den Mittag auch leicht durchzuführen. Im Frühsommer bietet der Weg eine Fülle von botanischen Sehenswürdigkeiten, denn der Nagelfluhfelsen ist als Unterlage für einige Alpenblumen sehr gut geeignet. Die Tour wird wegen ihrer Aussicht manchmal als »Kleiner Heilbronner Weg« bezeichnet.

Von Immenstadt mit der Sesselbahn zur Bergstation (1x umsteigen), dann allgemeine Westrichtung halten. Zunächst zum Sattel beim Bärenköpfle (hier wurde einer der letzten Bären des Allgäus geschossen), dann auf stets deutlichem Pfad am Waldrand (rechts Abstürze ins Steigbachtal), später über einige Serpenti-

Eine aussichtsreiche Gratwanderung vom Mittag-Gipfel über den Steineberg zum Stuiben

nen bis zur Mauer des Steineberggipfels. Kreuz schon sichtbar! Der direkte Anstieg über eine Rinne ist sehr schwierig! Man wendet sich nördlich der Mauer etwa 150 Meter nach Westen bis sie einfach erstiegen werden kann. Dann muß man, um zum Gipfelkreuz zu gelangen, sich wieder nach Osten zurückwenden (ca. 5 Minuten Gehzeit). Vom Gipfelkreuz 1683 m hat man eine sehr schöne Aussicht in das romantische Illertal.

Nun nach Westen zurück, und auf manchmal versichertem Steig, insgesamt einfach, in Richtung auf den sichtbaren Stuiben. Dabei geht es einige Höhenmeter bergab. Von der tiefsten Stelle dann allgemeiner Aufstieg am Grat, zuletzt sehr steil durch eine Rinne (Versicherung) zum Gipfel des Stuiben (1749 m). Sein Name kommt von Stieben = Stauben oder von Steiber = Pfeiler. Auf dem Gipfel (Rundumsicht!) eine Rundtafel mit markierter Aussicht.

Abstieg zunächst westwärts Richtung Sedererstuiben, dann nach rechts drehend über Alpweiden zur Mittelbergalpe, dann auf Fahrweg bis Almagmach und nach Immenstadt. Abstecher zur Gund Alpe möglich.

Aufstieg von der Gunzesrieder Säge (Parkplatz vor dem Ort) in etwa 2 Std. auf bezeichnetem Weg nordwestlich über Wiesen und die Sommerhaus Alpe in die Gratgasse. Von hier aus geht es links steil eine versicherte Rinne hinauf zum Stuiben-Gipfel. In der Gratgasse trifft man auf den Weg vom Steineberg.

Muttlerkopf (2368 m)

Ausgangsorte:	Oberstdorf-Spielmannsau (983 m)
Zielort:	desgleichen, Überschreitung ins Lechtal (Holzgau) möglich
Stützpunkte:	Kemptener Hütte (1844 m), Alpe Oberau (1004 m) und Spielmannsau (983 m)
Höhenunterschied:	1365 m
Zeitaufwand:	ab Spielmannsau ca. 4 1/2 Std.
Karte:	Zumsteinkarte Nr. 4 Oberstdorf - Fischen, 1:30 000

Der Muttlerkopf

Beste Jahreszeit: Ende Juni - Ende Oktober.

Allgemeines: Es ist dies ein breiter Dolomitberg der nördlich des östlichen Mädelejochs gegen den Sperrbachtobel schroff abfällt. Wenn man ihn aus dem .Sperrbachtobel zum ersten Mal zu Gesicht bekommt, möchte man es nicht glauben, daß er auf seiner Südostseite leicht zu besteigen ist. Er bietet einen prächtigen Rundblick und sollte von jedem, der sich die Ausdauer der 1365 Höhenmeter zutraut, einmal besucht werden. Es ist aber auch kein Problem die nahe Kemptener Hütte als Stützpunkt zu nehmen und hier einmal zu nächtigen. Das hätte auch den Vorteil, daß man am nächsten Tag noch einen der umliegenden Gipfel »mitnehmen« kann (Fürschießer, Kratzer).

Aufstieg: Von Oberstdorf nach Spielmannsau entweder mit dem Stellwagen (fast zu spät!), dem Fahrrad oder zu Fuß (1 3/4 Std.). Dabei hat man die Wahl zwischen der Fahrstraße (gesperrt für allg. Verkehr) und dem hübscheren Weg auf dem ostseitigen Trettachufer über Dietersberg - Gottenried zur Truppersoybrücke. Von Spielmannsau führt ein guter Weg zunächst eben bis hinter die Alpe Oberau, steigt dann südlich an und endet an der Talstation der Materialbahn. Auf einem bez. AV-Steig durch Wald zum Steg über den Sperrbach, jenseits in Serpentinen empor und am Nordhang des Tales ansteigend zum Sperrbachtobel, durch den der Steig in einer eindrucksvollen Szenerie führt. Manchmal etwas naß von den Wänden! Über Weidehänge unschwer zur Kemptener Hütte (ca. 2 1/2 Std.). Nun zum östlichen Mädelejoch. In seiner flachen Einkerbung südöstlich weiter bis bei einer Tafel der Weg links abzweigt. Über Rasenhänge in Kehren hinauf zum aussichtsreichen Gipfel.

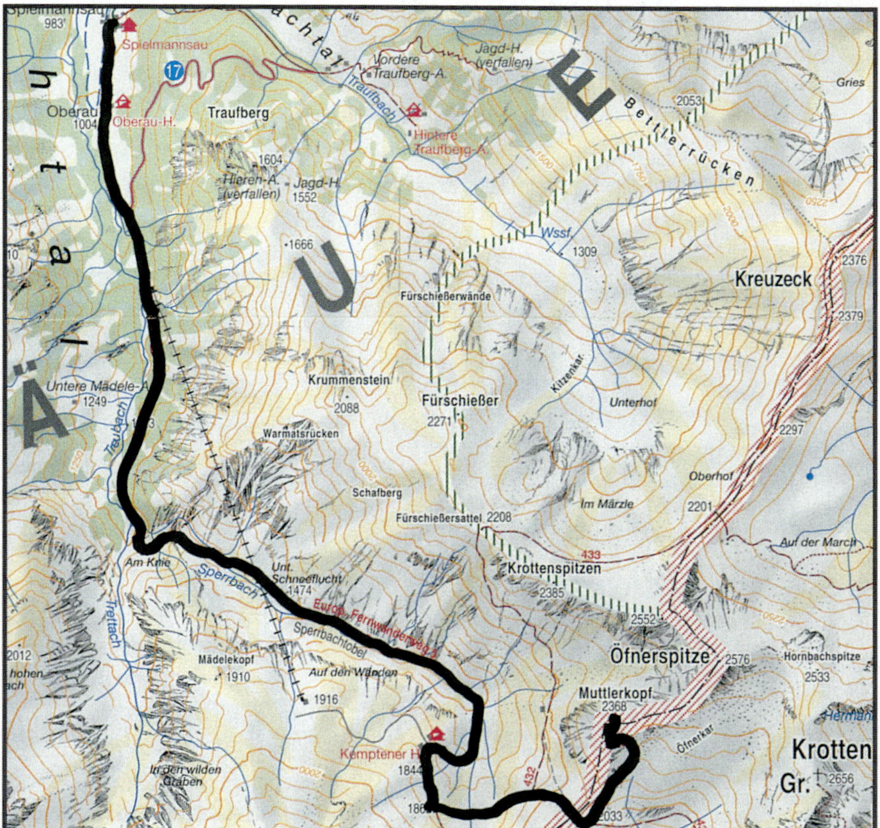

TOUR 24

Neunerköpfle (1862 m)

Ausgangsorte:	Tannheim (1097 m), im Tannheimer Tal
Zielort:	desgleichen, ggf. auch Abstieg nach Haldensee (1130 m) möglich
Stützpunkte:	Hubertus Hütte (1486 m), Gundhütte (1784 m), Usser Alpe (ca. 1600 m)
Höhenunterschied:	770 m (ohne Sesselliftbenutzung)
Zeitaufwand:	über Usser Alpe 2 - 2 1/2 Std., über Hubertus Hütte geringfügig kürzer
Karte:	Zumsteinkarte Nr. 7 Tannheimer Tal, 1:25 000

Blick von der Usser Alpe auf das Neunerköpfle

Beste Jahreszeit: Mitte Mai - Ende Oktober

Allgemeines und Aufstiege: Natürlich kann man auch mit der Sesselbahn hinaufschweben und die letzten 10 Minuten den Gipfel »stürmen«. Aber ich rate den umgekehrten Weg. Man folgt vom Parkplatz der Sesselbahn einem Weg auf halber Hanghöhe nach Süden, er biegt dann links ab und führt in vielen Kehren östlich hinauf, reizvoll durch Wald, an Tobeln vorbei und immer abwechslungsreich. Der Abzweig zur Hubertus Hütte ist gekennzeichnet. Man folge aber weiterhin dem Wegweiser »Usser-Alpe«, kommt dabei entlang dem Usseralpbach, zum Schluß etwas steiler zur Usser Alpe, bei der man ebenfalls einkehren kann. Der Weiterweg zieht sich durch Alpweiden hinauf auf den Grat, den man südlich des Vogelhörnles erreicht. Nun sind es nur noch wenige Schritte hinüber zum Neunerköpfle, wo man in der Gundhütte nochmals einkehren kann. Den Abstieg nach Tannheim sollte man dann der Bahn »überlassen«.

Die Wanderung ist leicht und familiengerecht, die Aussicht vom Gipfel des Neunerköpfles in das Tannheimer Tal und die ringsum aufragenden Berge bemerkens- und lohnenswert.

TOUR 25 Vom Oytal nach Gerstruben

Ausgangsorte: Oberstdorf, Oytalhaus (1009 m)

Zielort: Gerstruben (1145 m); höchste Stelle: Sattel zwischen Hüttenkopf und Hahnenkopf (ca. 1700 m)

Gipfel: Hahnenkopf (1737 m) unschwer, Hinterer Riffenkopf (1748 m) unschwer, aber etwas mühsam und schrofig

Stützpunkte: Oytalhaus (1009 m), Gasthaus Gerstruben (1154 m)

Höhenunterschied: bis Sattel ca 700 m, bis zu den Gipfeln ca. 120 m zusätzlich

Zeitaufwand: Oberstdorf - Oytalhaus 1 1/4 Std., Oytalhaus - Sattel 2 Std., Abstieg nach Gerstruben 1 Std., zurück nach Oberstdorf 1 1/2 Std., Gesamtgehzeit ca. 6 Std., mit Gipfel 1 Std. zusätzlich

Karte: Zumsteinkarte Nr. 4 Oberstdorf - Fischen, 1:30 000

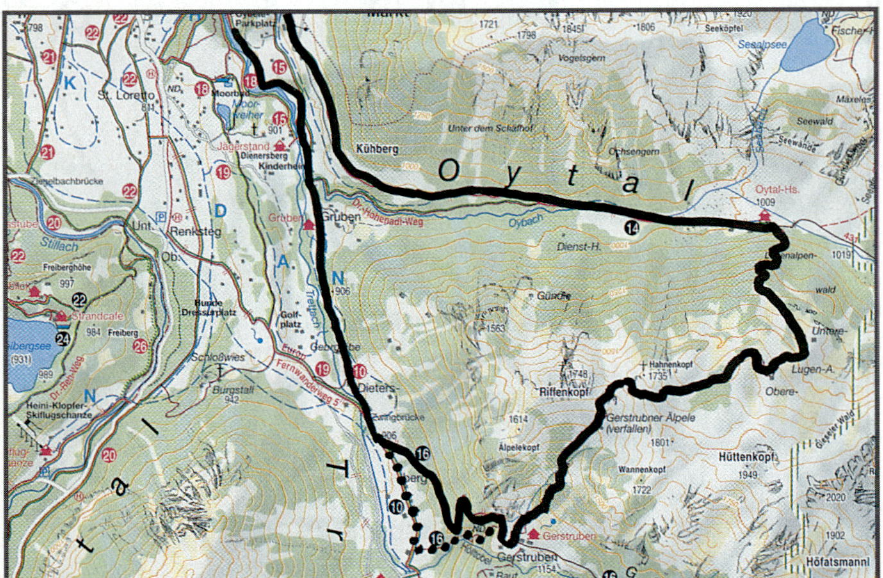

Untere und Obere Lugenalpe mit Hüttenkopf

Beste Jahreszeit: Mitte Juni - Ende Okober.

Allgemeines: dies ist eine familienfreundliche Bergwanderung über das Höfats-Vorgebirge. Hier findet der Bergfreund noch Einsamkeit, einen landschaftlichen und floristischen Reichtum und eine geologische Vielseitigkeit. Vielleicht begegnet ihm ein Rudel Gemsen oder die Rinder der Lugenalpe. Über der Gieseler Wand stehen drohend die steilen, grasdurchwachsenen Gipfelgrate der Höfats.

Aufstieg von Oberstdorf man kann auch den Stellwagen bis zum Oytalhaus nehmen, wenn dieser nicht zu spät wegfährt. Will man aber rechtzeitg »oben« und wieder zurück sein, sollte man schon gegen 7 Uhr am Oytalhaus sein. Gleich südlich davon biegt nach rechts ein Pfad ab (beschildert), der anfangs in steilen Kehren durch den Bergwald westlich hinaufzieht. Unser Ziel ist dabei zuerst die Untere Lugenalpe (1413 m), dann die Obere Lugenalpe (1566 m, Einkehr) mit prächtigem Ausblick auf die jenseits des Oytals liegenden Berge. Durch die einsamen Weideflächen führt der Steig zum Sattel zwischen Hahnenkopf (rechts) und dem Ausläufer des Hüttenkopfes hinauf, was ohne große Anstrengung zu schaffen ist. Der Hahnenkopf liegt nun nur ein paar Meter seitwärts und ist leicht zu besteigen. Nach Überqueren des Sattels geht es zunächst etwas steiler abwärts, bald biegt ein Pfad zum Riffenkopf rechts ab. Die Spitze dieses Berges ist etwas zu klettern. Folgt man dem Pfad weiter abwärts ins Gerstrubental, so kommt man durch das verfallene Gerstruber Älpele, das wieder bewirtschaftet werden soll. Durch Bergwald steigt man nun steil abwärts, bis man die wunderschönen Häuser Gerstrubens vor sich sehen kann. Der Rückweg nach Oberstdorf kann entweder der Fahrstraße folgen oder durch den sehenswerten Hölltobel zur Straße nördlich des Christlessees gehen.

TOUR 26

Ponten (2045 m)

Ausgangsorte:	Schattwald (1050 m) oder Hinterstein (835 m)
Zielort:	desgleichen, evtl. Abstieg über Willersalpe nach Hinterstein oder über Zirleseck bis Tannheim
Stützpunkte:	Stuibenalpe (1359 m) von Schattwald, Willersalpe, bewirtschaftet (1456 m) von Hinterstein
Höhenunterschied:	von Schattwald ca. 1000 m, von Hinterstein ca 1200 m
Zeitaufwand:	von Schattwald 3 Std., von Hinterstein ca. 3 1/2 bis 4 Std.
Karte:	Zumsteinkarte Nr. 3 Hindelang, 1:35 000

Der Ponten vom Tannheimer Tal aus gesehen

Beste Jahreszeit: nordseitiger Anstieg erst ab Juli, südseitiger ab Anfang-Mitte Juni.

Allgemeines: der Name soll von »bante« = der gebannte Berg kommen, wo kein Holz geschlagen werden darf. Der Ponten stellt eine mächtige dreigipfelige Gestalt im Hauptkamm des alpinen Kalkes dar, nordwestlich vom Geißhorn gelegen.

Aufstieg von Schattwald: dieser Ort ist der erste gleich nach dem Grenzübergang vom Oberjoch her. Autoparkplatz. Allgemeine Routenrichtung ist Süd, der Weg ist ausgeschildert und leicht zu finden. Es geht das Tal zwischen Kühgundkopf zur Rechten und den nördl. Ausläufern des Ponten zur Linken entlang. Bis zur Stuibenalpe (1359 m) führt ein Alpweg, meist im Schatten. Unterhalb der Alphütte hört der Wald auf und der Weg führt dann über Alpweiden in den Sattel zwischen Bschießer und Ponten hinauf. Vom Sattel hat man eine gute Fernsicht nach Süden und ins Ostrachtal hinab. Nun links über einen mäßig steilen Grat, der ein Stück von Latschen gesäumt wird, hinauf bis zu einem der Gipfel. Das Kreuz steht, noch durch eine schmale Einkerbung getrennt, auf dem 2. Gipfel. Beim Hinüberqueren ist Vorsicht geboten, ausgesetzt!

Der Aufstieg von Hinterstein: An sich gibt es auch hier zwei Varianten. Entweder man folgt dem steil hochführenden Weg ab Mitte Hinterstein, der zur Zipfelsalpe geht (Wegweiser) und nimmt dann gleich den Bschießergipfel mit, oder man schlägt am Südausgang von Hinterstein (großer Parkplatz) den bez. Weg zur Willersalpe ein und gewinnt den Pontengipfel über das Zirleseck. Der Anstieg zur Willersalpe geht zunächst durch lichten Wald, später am Bach in Serpentinen aufwärts. Bei der Hütte sind schon 600 Höhenm. zurückgelegt! Unsere Route führt über steile Alpweideflächen in östl. Richtung zum Zirlesecksattel, hier oder schon davor links abbiegen, zuletzt durch schrofiges Gelände hinauf zum Gipfel (Pfad). Vom Zirleseck rechts weg geht es über das Geißeck zum südöstlich aufragenden Geißhorn.

Der Übergang von Schattwald nach Hinterstein unter Besteigung des Ponten sei empfohlen, sofern man eine Möglichkeit hat wieder zu seinem Auto zu kommen.

Ansonsten kann man den Ponten auch umrunden und kommt so zum Parkplatz nach Schattwald zurück: Aufstieg wie o.a. Abstieg zum Zirleseck, dann links und nördlich dem Pontental hinab bis Schattwald.

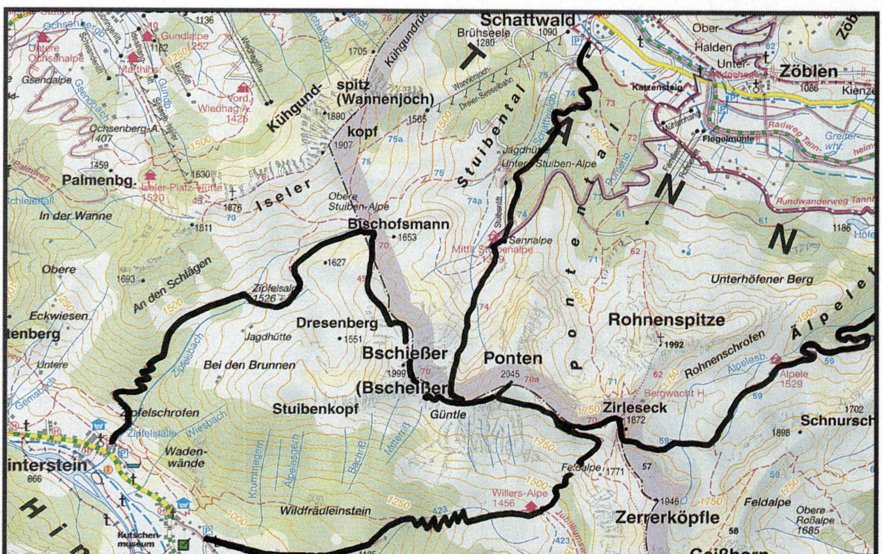

Reuttener Hahnenkamm

Ausgangsorte:	Reutte-Höfen (896 m), Gaicht und Nesselwängle (1150 m)
Zielort:	mehrere Überschreitungensmöglichkeiten des gesamten Kammes sind möglich
Stützpunkte:	Hahnenkammhaus (1742 m), Musauer Alm (1280 m), Schneetalalpe (1600 m), Höfener Alpe (1670 m), Cillihütte (1600 m), Singerhütte (1680 m), Lechaschauer Alpe ((1660 m)
Höhenunterschied:	Reutte-Höfen - Bergstation 900 m, Bergstation - Gipfel ca. 200 m Nesselwängle - Gipfel 800 m, desgleichen von Gaicht
Zeitaufwand:	mit Bergbahn bis Station Voralpe 10 Min., weiter bis zum Gipfel ca. 1/2 Std., von Nesselwängle bis Gipfel ca 2 - 2 1/2 Std., von Gaicht bis Gipfel ca. 3 - 3 1/2 Std.
Karte:	Zumsteinkarte Nr. 7 Tannheimer Tal, 1:25 000

Beste Jahreszeit: Mitte Juni - Ende Oktober.

Allgemeines: Wie eine mächtige Wand ragt der ob seiner verschiedenen Spitzen so genannte Hahnenkammrücken westlich von Reutte in Nord-Süd-Richtung auf. Besonders hübsch ist er aus dem Tannheimer Tal zu sehen und lockt so manchen Bergsteiger in seine Höhen. Schön ist es dabei, daß man ohne weiteres die ganze Familie mitnehmen kann, da die Reuttener Bergbahn einem ganze 900 Höhenmeter abnimmt. Verschiedene Übergänge sind möglich, so westlich der Gaichtspitze nach Gaicht oder über das Gehren-Joch nördlich zur Musauer Alm.

Aufstieg von Reutte-Höfen: Der Leichteste, denn man kann bis auf 1742 m hinauffahren. Von hier zum Gipfel auf bez. Pfad keine Schwierigkeit.

Von Nesselwängle: Am östlichen Ortsausgang ein Stück auf bez. Weg den Bach aufwärts, der von der Kellenspitze herabkommt, bald rechts abbiegend, den nächsten Bach (Warpsbach) überschreitend gelangt man über Alpflächen steil in Richtung Tiefjoch (1717 m) und von diesem leicht über den Grat zum Gipfel.

Von Gaicht: kurz östlich nach dem Ort führt ein deutlicher Pfad in Richtung Gaichtspitze steil hoch. Nach Überschreitung des Gipfels führt der Weg nördlich hinab in eine Senke (Voralpjoch) und drüben zum Hahnenkamm hoch.

Sehr schön ist auch eine Überschreitung von der Musauer Alm über Gehren- oder Sabacher Joch (östl.

Der Reuttener Hahnenkamm ist ein idealer Wanderberg für die ganze Familie

oder westl. um die Schneidspitze herum) - Tiefjoch - Hahnenkamm - Voralpjoch - Gaicht. Bemerkenswert schön ist die Aussicht bei dieser Tour nach verschiedenen Seiten und je nach Jahreszeit auch die Flora. Alle Gipfel des Kammes sind erreichbar, die Schneidspitze sollte man am besten vom Sabacher Joch aus besteigen (Vorsicht). Von der Gaichtspitze ist auch ein Abstieg nach Weißenbach (Lechtal) möglich. Wer die Bahn nicht benutzen will, kann auch zu Fuß auf mehrern Wegen den großen Kessel zwischen Hahnenkamm und Gaichtspitze erreichen: ab Unter-Hornberg (Lechtal), Höfen oder Holz. Von Reutte direkt führt ein Weg über Lechaschau-Wängle-Holz auf das Hochjoch oder zur Bergstation der Bahn.

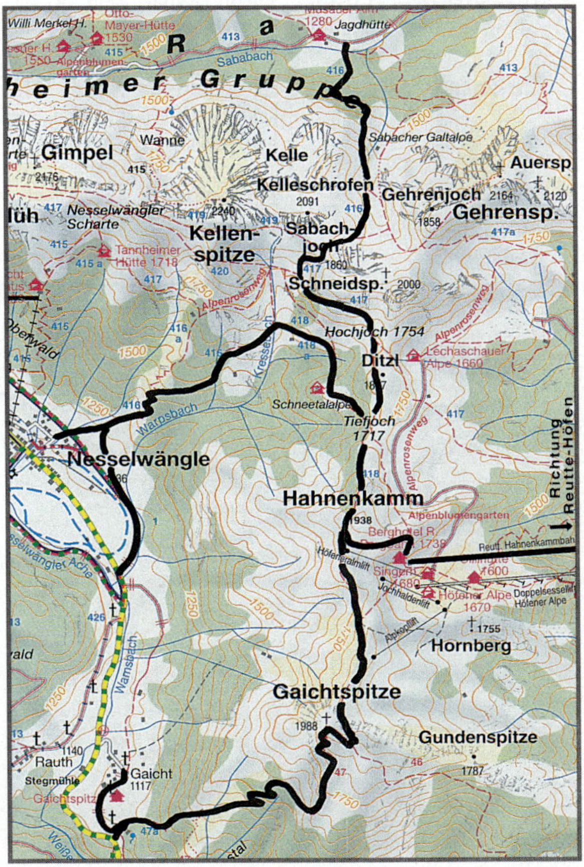

TOUR 28

Riedberger Horn (1786 m)

Ausgangsorte: Grasgehren (1447 m), Balderschwang (1044 m), Bolsterlang (892 m)

Zielort: desgleichen, Abstiege auch nach Gunzesried-Säge oder Obermaiselstein möglich

Stützpunkte: Berghaus Schwaben (1500 m), Gaststätte Grasgehren (1447 m)

Höhenunterschied: von Grasgehren 339 m, von Balderschwang 742 m und von Bolsterlang 894 m

Zeitaufwand: ab Parkplatz Grasgehren 1 Std., von Balderschwang (Parkplatz Riedberger-Horn-Lift) 2 Std., von Bolsterlang (Bergstation der Hörnerbahn) 1 1/2 Std.

Karte: Zumsteinkarte Nr. 4 Oberstdorf - Fischen, 1:30 000

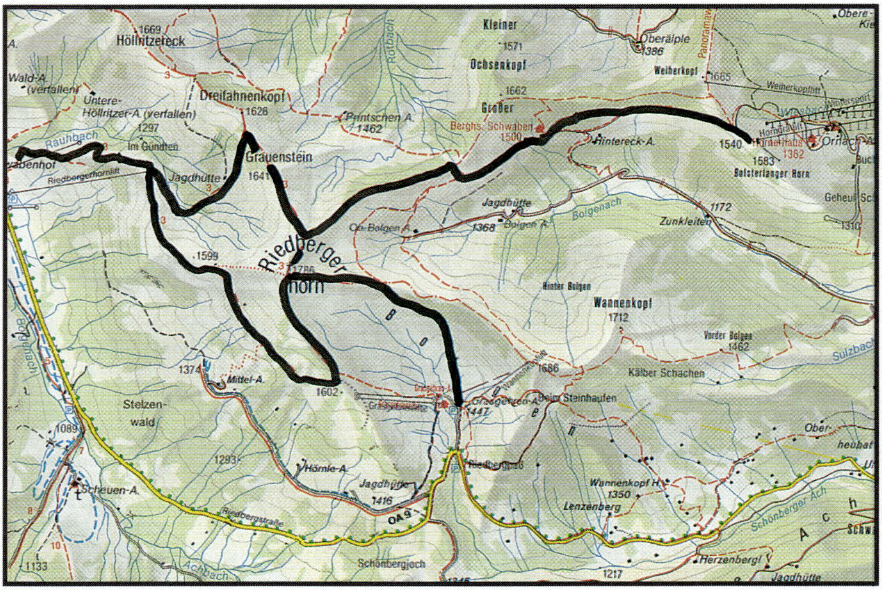

Blick zum Grasgehren und dem Riedberger Horn

Beste Jahreszeit: Mitte Mai bis November.

Allgemeines: Das Riedberger Horn ist von allen Seiten leicht zu besteigen. Geologisch besteht es aus dem leicht verwitterbaren Flysch, der oft nasse Flächen einschließt. Wunderschöne Alpenrosenbestände blühen im Sommer an seinen Flanken. Im Gebiet östlich des Riedberger Horns sind noch Bestände von Rauhfußhühnern zu finden, man sollte sich aber nicht in ihren Bereich, einem der letzten im Allgäu, begeben.

Die Aussicht nach allen Seiten ist lohnenswert, vor allem die Nordseiten der Gottesackerwände sind eindrucksvoll. Schön liegt Balderschwang zu Füßen.

Aufstieg vom Parkplatz Grasgehren: Von hier führt ein beschilderter, deutlicher Pfad nördlich über die Alpflächen auf das nahe Horn zu. Über einen leicht erreichten Sattel geht es dann westlich, zum Schluß etwas steiler zum Gipfel.

Ab Parkplatz Riedberger-Horn-Lift folgt man dem Weg (Nr. 3 lt. Karte) zur Bergstation des Lifts und dann über die westliche Seite zum Gipfelkreuz.

Von Bolsterlang kann man die Hörnerbahn nehmen und zum Horngrat hinauf fahren. Von hier bietet sich ein schöner Anblick des unweiten Zieles. Der ganze Weg dorthin ist einsehbar.

Eine familienfreundliche Wanderung!

Rote Flüh (2111 m)

Ausgangsorte:	Nesselwängle (1147 m) im Tannheimer Tal, Musau (700 m) im Lechtal
Zielort:	desgleichen
Stützpunkte:	Gimpelhaus, bewirtschaftet (1660 m), Tannheimer Hütte, bewirtschaftet (1750 m), Musauer Alm (1280 m), Otto-Mayer-Hütte (1530 m), Füssener Hütte (1550 m)
Höhenunterschied:	von Nesselwängle ca. 1000 m , von Musau ca. 1400 m
Zeitaufwand:	Nesselwängle - Gimpelhaus (1660 m) ca. 1 1/2 Std., Gimpelhaus - Gipfel Rote Flüh ca. 1 1/2 Std., von Musau ca. 5 - 6 Std.
Karte:	Zumsteinkarte Nr. 7 Tannheimer Tal, 1:25 000

Beste Jahreszeit: ab Anfang Juni bis in den Spätherbst.

Allgemeines: Die sogenannten Tannheimer Berge sind bei Bergsteigern aller Kategorien bekannt und beliebt, bieten sie doch eine Vielzahl von Anstiegsmöglichkeiten, vom »Familienanstieg« bis hin zum reinen Profianstieg mit 6. Grad und A 2 (überhängend, nur mit techn. Hilfsmitteln zu überwinden). Die auffallendsten Figuren aus der Gruppe sind Rote Flüh, Gimpel, Köllespitze und Gehrenspitze, alle aus dem malerischen Wettersteinkalk, der zugleich ein Kletterparadies darstellt. Die nachfolgend beschriebenen Routen sind jedoch unschwierig zu begehen.

Aufstieg von Nesselwängle: Am westlichen Ortsausgang, läßt man sein Auto am Parkplatz stehen und wendet sich auf bez. Weg zum Gimpelhaus (sichtbar, neu erbaut nach Brand). Es geht z.T. steil aufwärts, die Hütte wird nach 1 1/2 Std. erreicht. (Aussicht). Nun weiter Richtung Tannheimer Hütte (1750 m). Vorher Weggabelung: nordwärts zur Nesselwängler Scharte, westlich abbiegend in das Kar zwischen Gimpel und Rote Flüh. Etwa 30 Min. nach der Hütte biegen Spuren rechts ab und ziehen sich teilweise steil und geröllglatt zum Ostgrat des Gimpel hoch.

Die Rote Flüh, bekannt als Wander- und Kletterberg

Zur Roten Flüh geht man westlich im Kar weiter bis hinauf zur Judenscharte zwischen Gimpel und Roter Flüh. Von hier links ab über teilweise versicherten Steig zum Gipfel. Leichte Kletterei. Auch aus dem Lechtal ist eine Besteigung möglich.

Aufstieg von Musau: An der Südostseite des Ortes führt ein bez. Weg nach Süden Richtung Reintal. Er geht ansteigend östlich um den Musauer Berg herum und trifft dahinter auf den Fahrweg, der von Roßschläg aus dem Lechtal kommt und bis zur Otto-Mayr-Hütte verläuft (Fahrweg gesperrt). Nun westlich das enge Reintal zwischen den hochaufragenden größeren Bergen der Tannheimer Gruppe im Süden (Köllespitze, Gimpel) und den etwas niedrigeren auf der Nordseite (Plattjoch, Schlicke etc.) hinauf bis zur Musauer Alm (1267 m), weiter am Sababach nach Westen zur Otto-Mayr-Hütte (1520 m). Etwas vorher zweigt der Weg links ab und führt auf die Nesselwängler Scharte (2007 m) steil hinauf und jenseits in wenigen Minuten zur Tannheimer Hütte. Von da wie vorher zu den Gipfeln.

Für **Kletterliebhaber** eine Variante: Vom Füssener Jöchle (Talort Grän) oder von der Otto-Mayr-Hütte Aufstieg zur Gelben-Scharte zwischen dem Schartschrofen und Roter Flüh. Dann auf teilweise versicherten Steig, nur für Geübte.

Rote Spitze (2130 m)

Ausgangsorte:	Vilsalpsee (1165 m) im Tannheimer Tal
Zielort:	entweder zurück oder weiter mit Abstieg ins Hintersteiner Tal (E-Werk) via Schrecksee
Stützpunkte:	Landsberger Hütte (1810 m)
Höhenunterschied:	965 m
Zeitaufwand:	vom Vilsalpsee 3 - 3 1/2 Std.
Karte:	Zumsteinkarte Nr. 7 Tannheimer Tal, 1:25 000

Die Landsberger Hütte mit Rote Spitze (r.) und Steinkarspitze (l.) im Hintergrund

Beste Jahreszeit: Juli bis Ende Oktober.

Allgemeines: Die Berge um den Vilsalpsee sind beliebte Wander- oder Kletterziele. Neben der Roten Spitze kann man sich vom gleichen Ausgangsort auch die Lachenspitze (2126 m), Steinkarspitze (2015 m) Schochenspitze (2069 m) oder Sulzspitze (2084 m) vornehmen, die teilweise aber schwieriger sind als die Rote Spitze. Von der Aussicht her ist unser Ziel allemal wert, bestiegen zu werden.

Man muß jetzt aufpassen, wenn man mit dem PKW zum Vilsalpsee fahren will: Es herrscht eine Fahrsperre zwischen 10.00 u. 17.00 Uhr. Aber wer zum Bergsteigen geht, der ist ja eh schon früher dort!

Aufstieg: Am Parkplatz Vilsalpsee ist ein Obolus zu entrichten. Dann folgt man dem östlichen Seeweg bis zu einer Drittelumrundung. Nun biegt der markierte Weg links ab und führt, teilweise steil, zur Oberen Traualpe (1649 m) hinauf. Am Traualpsee vorbei erklimmt man die nächste Steilstufe zur Kleinen Lache (1770 m), oberhalb der schon die nahe Landsberger Hütte zur Rast einlädt. In dem westlich aufsteigenden Hochtal gelangt man auf das Kastenjoch, auf dem man sich rechts, nördlich, zum Gipfel wendet.

Der eventuell geplante Weiterweg führt über die Kasten Alpe (1865 m), den Kirchdachsattel (1991 m) zum Schrecksee (1802 m) und dort hinab zum E-Werk (935 m). Hier von der Bushaltestelle Giebelhaus - Hinterstein zurück nach Hindelang.

TOUR 31

Rotspitze und Breitenberg

Ausgangsorte: Hindelang (825 m), Rettenschwangertal (1000 m)

Zielort: desgleichen

Stützpunkte: Alpe Mitterhaus, bewirtschaftet (1081 m), evtl. Horn Café

Höhenunterschied: von Hindelang bis Gipfel Rotspitze (2033 m) ca. 1200 m bis Gipfel Breitenberg (1887 m) ca. 1050 m, beim Aufstieg vom Rettenschwangertal jeweils ca. 200 m weniger

Zeitaufwand: von Hindelang-Ostrachbrücke 3 - 4 Std. zur Rotspitze, Überschreitung zum Breitenberg ca. 1 Std.

Karte: Zumsteinkarte Nr. 3 Hindelang, 1:35 000

Die Rotspitze im Retterschwangertal, von hieraus geht es über die »Hohen Gänge« zum Breitenberg

Beste Jahreszeit: Juli bis Oktober.

Allgemeines: »Hohe Gänge« nennt man allgemein den Übergang zwischen Rotspitze und Breitenberg südlich von Hindelang. Diese Route galt früher als eine nette Anfängerkletterei, doch wurden zwischenzeitlich die beiden markantesten Stellen »entschärft«, so daß die Hohen Gänge jetzt für jeden trittsicheren Bergsteiger begehbar sind. Rotspitze und Breitenberg sind die nördlichsten Ausläufer der Daumengruppe. Sie gehören der

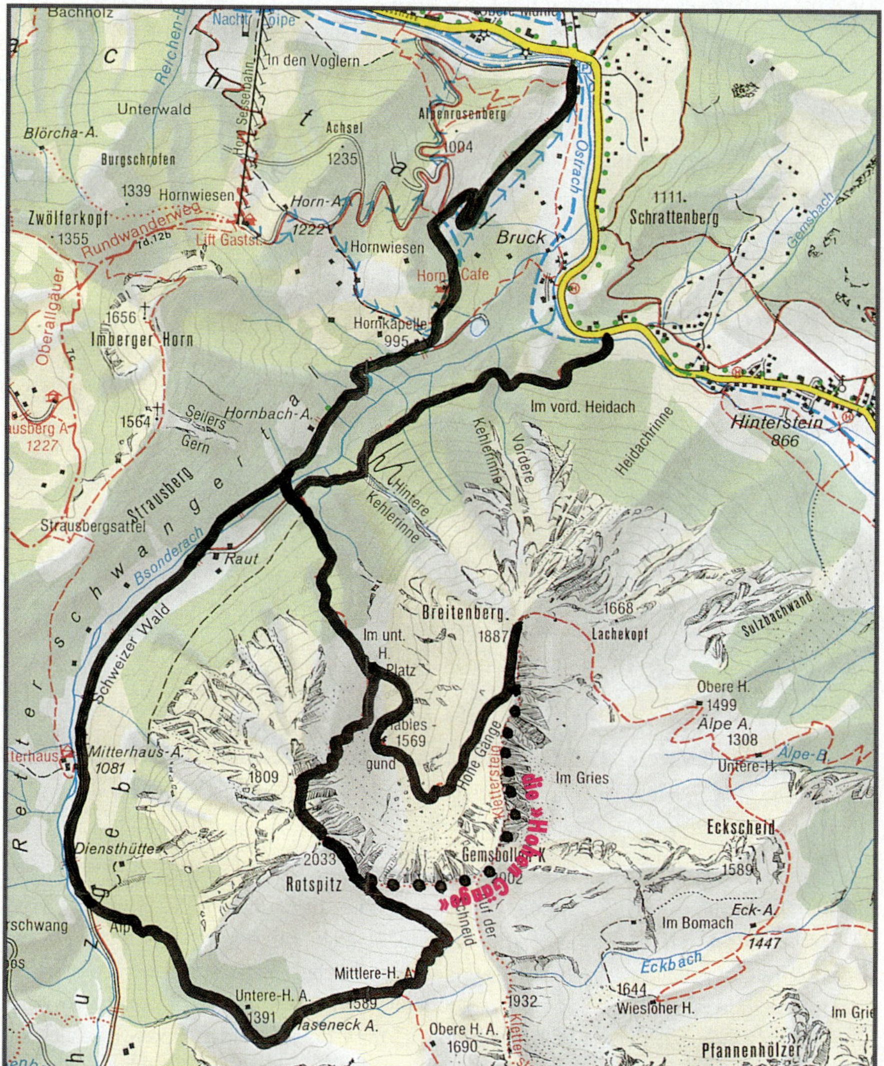

Die »Hohen Gänge«, zwischen Rotspitze und Breitenberg, sind nur was für Schwindelfreie

geologischen Formation des alpinen Kalkes an.

Aufstieg von Hindelang: Am südöstlichen Ortsrand von Hindelang - Bad Oberdorf läßt man das Auto bei der Ostrachbrücke stehen. Man folgt dem gesperrten Alpweg hinauf ins Retterschwangertal. Er führt zuerst etwas steiler hoch, später verflacht er. Hinterhalb des »Horn Cafés« bemerkt man nach einiger Zeit eine Brücke links unterhalb der Straße über die Bsonderach. Über diese wendet man sich und steigt dann auf bez. Weg durch einstmaligen Hochwald zur Alpe Häbelesgund, die inmitten eines großen Kessels liegt, dessen Seiten von der Rotspitze und dem Breitenberg gebildet werden. Hinterhalb der Alpe teilt sich der Weg, man biegt rechts ab und gewinnt über steile Serpentinen der nördlichen Schutthalden den felsigen Gipfelaufbau der Rotspitze. Der bez. Steig führt zu dem rechts vom Gipfel in den Nordgrat eingeschnittenen Sattel (Seilversicherung). Weiter über Fels zum Gipfelkreuz.

Variante: Aufstieg nicht von der Ostrachbrücke, sondern erst von Bruck, einem kleinen Weiler in Richtung Hinterstein. Hier beginnt ein sogenannter Jagdsteig, der sich nach ca. 3/4 Std. mit dem obigen Weg in der Nähe des Horn Cafés vereinigt.

Aufstieg vom Retterschwangertal: Auf dem Alpweg weiter bis zur Alpe Mitterhaus. Etwa 200 Meter südlich steigt ein bezeichneter Weg steil nach Osten, der zuerst die Untere, dann die Mittlere und schließlich die Obere Haseneckhütte berührt. Nach der mittleren Hütte biegt unser Weg links hinauf Richtung »Auf der Schneid« und zieht sich über die Südseite der Rotspitze zum Gipfel.

Übergang: Einige Mühe macht es, den deutlichen Gratübergang zum Breitenberg zu begehen. Man bleibt dem Grat treu, sollte aber bei Genießen der schönen Aussicht unbedingt dazu stehen bleiben. Einige felsige Steilstufen erfordern Vorsicht und Schwindelfreiheit. Einmal ist gar eine Leiter zu überwinden.

Vom Gipfel des Breitenberges geht es dann ein kleines Stückchen den Anstiegsgrat zurück, dann biegt rechts ab ein Pfad, der durch den Westhang des Breitenberges hinunter zur sichtbaren Häbelesgundalpe leitet. Von hier aus auf dem Anstiegsweg zurück nach Hindelang oder Bruck.

Hilfe bei Erschöpfung

Bei Erschöpfung ist größte Sorgfalt nötig: • Aufsuchen eines windgeschützten Platzes; • Wärmezufuhr über trockene Kleidung, Anorak etc.; • Einnahme von heißen Getränken; • schnelle Energiezufuhr (z.B. Schokolade, Riegel, Powerdrinks); • gutes Zureden als Mittel gegen psychische Ängste; • Erschöpfte nicht alleine lassen (Panikgefahr!)

Auf zufällige Hilfe warten oder durch alpines Notsignal aufmerksam machen. Nur wenn es nicht anders geht, ins Tal oder zur nächsten Hütte absteigen, um Hilfe zu holen. Den Erschöpften an sicherem Platz warten lassen.

Rottachberg (1116 m)

Ausgangsorte: Rettenberg (806 m), Weiher (750 m), Untermaiselstein (720 m), Kranzegg (862 m)

Zielort: verschiedene Abstiegsvarianten zu den einzelnen Orten möglich

Stützpunkte: unterwegs keine

Höhenunterschied: zwischen 254 m und 396 m

Zeitaufwand: 1 1/2 - 2 1/2 Std. je nach Ausgangsort

Karte: Zumsteinkarte Nr. 6 Immenstadt - Sonthofen, 1:30 000

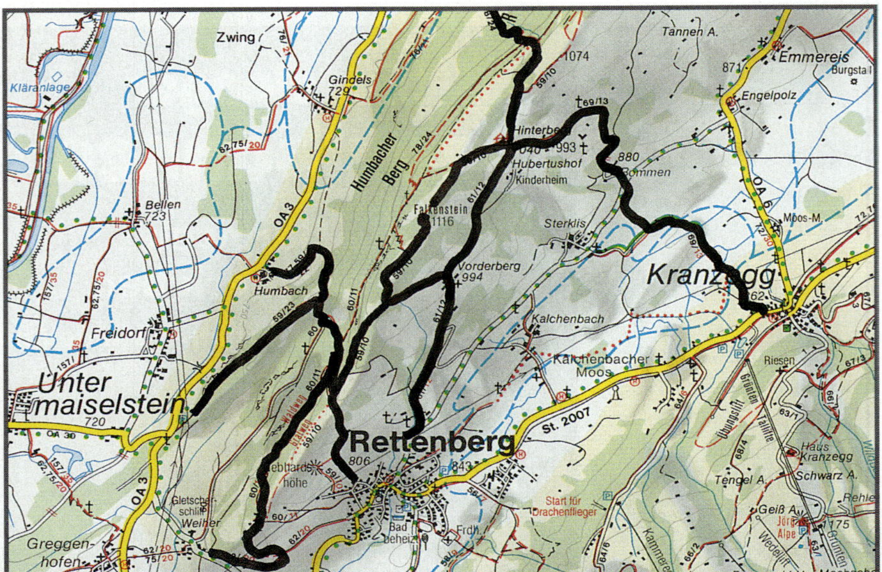

Beste Jahreszeit: April - Dezember.

Allgemeines: Der Rottachberg ist ein beliebtes Wanderziel. Einmal ist er leicht zu ersteigen. Zum anderen gehen ihn Insider das ganze Jahr über. Bemerkenswert ist die Aussicht vom Gipfelkreuz am Falkenstein, der nach Norden senkrecht abbricht und einem Balkon gleicht. Geologisch ist der Rottachberg ein Nagelfluhhöhenrücken wie seine westlichen Nachbarn Mittag oder Immenstädter Horn und deren Fortsetzungen. Das Illertal liegt einem gleichsam zu Füßen und der Blick reicht von Immenstadt bis hinunter nach Kempten.

Der Rottachberg, mit Gipfelkreuz am Falkenstein

Aufstiege: Von Rettenberg folge man dem Weg nach Vorderberg und Hinterberg. Hier biegt man links ab (beschildert) und erreicht knapp 20 Minuten später den Gipfel, zuletzt am Grat im Walde wandernd. Als Abstieg kommt auch der westlich abwärts führende Steig nach Rettenberg (oder Vorderberg) in Frage.

Von Weiher nimmt man dem östlich hinaufführenden Weg Richtung Rettenberg, biege dann aber nach dem erste Anstieg links ab und folge dem »Gratweg« mit schöner Aussicht zum Gipfel. Eine andere Möglichkeit ist der Weg Nr. 60 lt. Karte, der auf der Nordseite des Rottachberges, zuletzt über den »Waldweg« zum Gipfel führt.

Aus Richtung Untermaiselstein kommend, lasse man den Wagen am Parkplatz nördlich der Felsenge stehen und wandere den markierten Weg (59/23 lt. Karte) nordseitig zum Gipfel. Die **Kranzegger Besucher** gehen nach Sterklis, weiter nach Bommen und biegen links nach Hinterberg ab, von wo ein schöner Weg, wie bei »Rettenberg« beschrieben, zum Gipfel führt.

TOUR 33

Säuling (2047 m)

Ausgangsorte: Pflach (840 m) in Tirol, Hohenschwangau-Bleckenau (1167 m)

Zielort: desgleichen oder Überschreitung möglich

Stützpunkte: Säulinghaus (1720 m) auf der Südseite, Gasthaus Königshaus (1167 m) in der Bleckenau

Höhenunterschied: ab Pflach 1207 m, ab Bleckenau 880 m

Zeitaufwand: von Pflach 3 - 4 Std., von Bleckenau 2 1/2 - 3 Std.

Karte: Zumsteinkarte Nr. 1 Füssen - Schwangau, 1:30 000

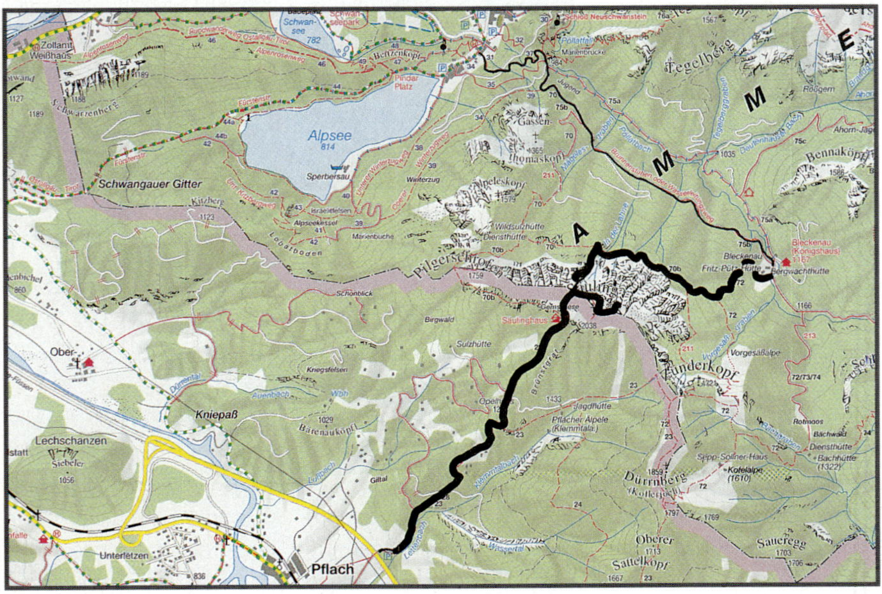

Beste Jahreszeit: Anfang Juli bis Ende September.
Allgemeines: Der Säuling ist ein sehr lohnendes Bergziel. Die Aussicht von seinem Doppelgipfel reicht weit in das Ostallgäuer Voralpenland mit seinen vielen Seen. Der Blick direkt in die nördliche Tiefe fällt auf die bekannten Königsschlösser.
Nach Süden reihen sich die Tiroler Berge aneinander. Westlich sieht man die Tannheimer Berge und im Osten sind es die Ammergauer Alpen, die zu weiteren Taten locken.
Aufstiege von Pflach: Nordöstl., jenseits der neuen Umgehungsstraße, liegt ein kleiner Parkplatz. Von diesem folgt man dem beschilderten und markierten Weg Nr. 28, zuerst über freies Gelände, später durch den Wald hinauf zum Säulinghaus. Dieses liegt wunderschön auf einem grünen Balkon unmittelbar unterhalb eines Felsriegels, durch den man dann in seilen, felsigen Serpentinen, teilw. mit Seilen gesichert, zur Schulter westlich des Gipfels gelangt. Von hier hat man erstmals einen Blick nach Norden in die wunderschöne Ostallgäuer Voralpenlandschaft. Weiter führt uns der Weg steil zum Gipfel mit Kreuz hinauf. Durch einen Grat verbunden liegt östlich davon der zweite Gipfel, nochmals 9 Meter höher.

Der um etwa 9 Meter kleinere der beiden Säuling-Gipfel

Von Hohenschwangau kann man zur Bleckenau entweder zu Fuß über den Brunnenstubenweg, mit dem Bus oder mit einer Pferdekutsche gelangen. Gegenüber dem Gasthaus »Königshaus« liegt auf der westlichen Seite der Straße die DAV-Fritz-Putz-Hütte. An ihr vorbei steigt man auf einem bezeichneten Weg (Nr. 72) steil in Richtung Säuling aufwärts. Der Weg mündet weiter oben in einen dazu quer verlaufenden Weg mit der Nr. 70 b. Man folgt diesem rechts weg, d. h. nach Westen und quert dabei unter dem Säuling hindurch. Genau nördlich des Gipfels zweigt ein Steig links ab, der nun in steilen Serpentinen die Schulter an jener Stelle trifft, zu der man auch von Pflach heraufkommt.

Siplingerkopf (1746 m)

Ausgangsorte: Balderschwang (1044 m), Gunzesried-Säge (900 m)

Zielort: desgleichen

Stützpunkte: Alpe Obere Wilhelmine (1500 m),
Alpe Oberbalderschwang (1370 m)

Höhenunterschied: ab Balderschwang ca. 700 m, ab Gunzesried-Säge ca. 850 m

Zeitaufwand: ab Balderschwang 2 - 2 1/2 Std., ab Gunzesried-Säge 2 1/2 - 3 Std.

Karte: Zumsteinkarte Nr. 6 Immenstadt - Sonthofen, 1:30 000

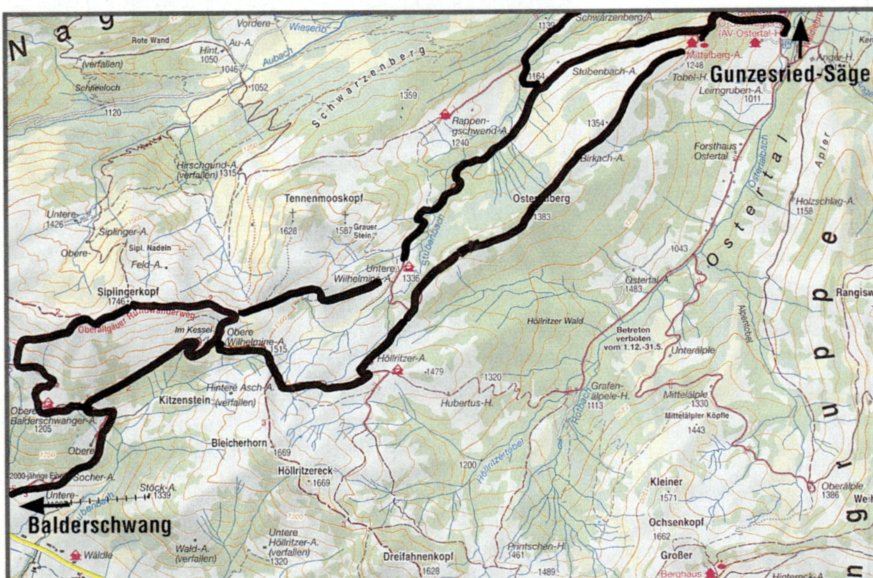

Beste Jahreszeit: Wegen der geringen Höhenlage ist diese Tour vor allem bei südseitigem Aufstieg aus Balderschwang oft schon frühzeitig zu machen. Es kann gerechnet werden, daß man Ende Mai bis Ende Oktober ohne größere Schwierigkeiten gehen kann. Gute Ausrüstung, vor allem die Schuhe betreffend, ist vorausgesetzt.

Allgemeines: Der Siplingerkopf liegt noch im Bereich der geologischen Formation Nagelfluh. Das Gestein, aus dem er sich zusammensetzt, besteht aus einem Gemenge von wasserrundgerollten Kieselsteinen, die durch Kalk als Bindemittel wie Beton zusammengehalten werden. Zum Klettern ist der Nagelfluh nicht sonderlich geeignet, da die Steine zu leicht aus ihrer Bindung herausbrechen. Die Tour zum Siplinger ist wegen ihrer lohnenden Aussicht empfehlenswert. Da sie allgemein nicht sehr schwer ist, können auch einigermaßen wandergeübte Familienmitglieder mitgenommen werden.

Am Gipfel des Siplingerkopfes

Anstieg: Östlich vor Balderschwang biegt ein Alpweg vor der Hauptstraße nördlich ab. Er führt an der Alpe Unterbalderschwang vorbei und steigt Richtung Obere Balderschwanger Alpe an. Nach etwa 20 Gehminuten ist links des Alpweges die 2000jährige Eibe zu sehen, man muß ihren Standort allerdings kennen. Die Alpe Ober Socher bleibt links liegen. Etwa eine viertel Stunde vor der Oberen Balderschwanger Alpe biegt nach rechts ein kleiner unbefestigter Fahrweg zur Oberen Wilhelmine Alpe ab. Diesem folge man und biege an der Alpe links ab, um über den Grat, zuletzt steil, den Gipfel zu erreichen. Ein etwas längerer Aufstieg ist auch von der Gunzesrieder-Säge über die Hintere Au Alpe und Alpe Hirschgund möglich

Zum Abstieg folge man dem Oberallgäuer Rundweg nach Westen hinab um den drüben liegenden Heidenkopf noch mitzunehmen. Nach dessen Überschreitung führt links ein Steig zur Alpe Oberbalderschwang hinunter, bei der wir auf das Aufstiegssträßchen stoßen. Achtung bei einigen Gratstellen. Ganze Runde etwa 4 1/2 bis 5 Stunden.

TOUR 35

Sonnenköpfe (1566 - 1833 m)

Ausgangsorte:	Reichenbach (867 m), Hinang, (823 m), Altstädten (749 m), Imberg (880 m), Schöllang (854 m)
Zielort:	desgleichen oder in entsprechender Kombination zu machen
Stützpunkte:	Geisalpe, bewirtsch. (1150 m), Sonnenklause, bewirtsch. (1050 m), Strausberghütte, teilw. bewirtsch. (1211 m), Altstädter Hof teilw. bewirtsch. (1300 m), Sonthofener Hof,teilw. bewirtsch.
Höhenunterschied:	Reichenbach - Schnippenkopf ca. 970 m, Schnippenkopf - Heidelbeerkopf ca. 80 m, Heidelbeerkopf - Sonnenkopf ca. 80 m, Sonnenkopf - Gernkopf ca. 50 m
Zeitaufwand:	Gesamte Überschreitung von Reichenbach über die genannten 4 Gipfel mit Abstieg bis Imberg 6 - 7 Std.
Karte:	Zumsteinkarte Nr. 4 Oberstdorf - Fischen, 1:30 000

Beste Jahreszeit: Ende Juni bis Oktober.

Allgemeines: Die mit »Sonnenköpfen« bezeichneten Berge lösen sich bei näherem Hinsehen in einzelne Namen auf, wie oben bei Höhenunterschied angegeben. Sie bilden den östlichen Höhenzug, der das Illertal bis zum Quertal der Ostrach begleitet. Geologisch gehören die Sonnenköpfe dem Flysch an, also jener weichen Kreideschicht, die schon stark verwittert ist. Im Schnippenkopf erreicht der Höhenzug seine Kulmination mit 1833 m. Eine Wanderung von Reichenbach bis Imberg gehört wegen der schönen Aussicht nach beiden Seiten (Illertal, Retterschwangertal) und wegen ihrer leichten Begehbarkeit zu den be-

Auf dem Weg vom Heidelbeer- zum Sonnenkopf

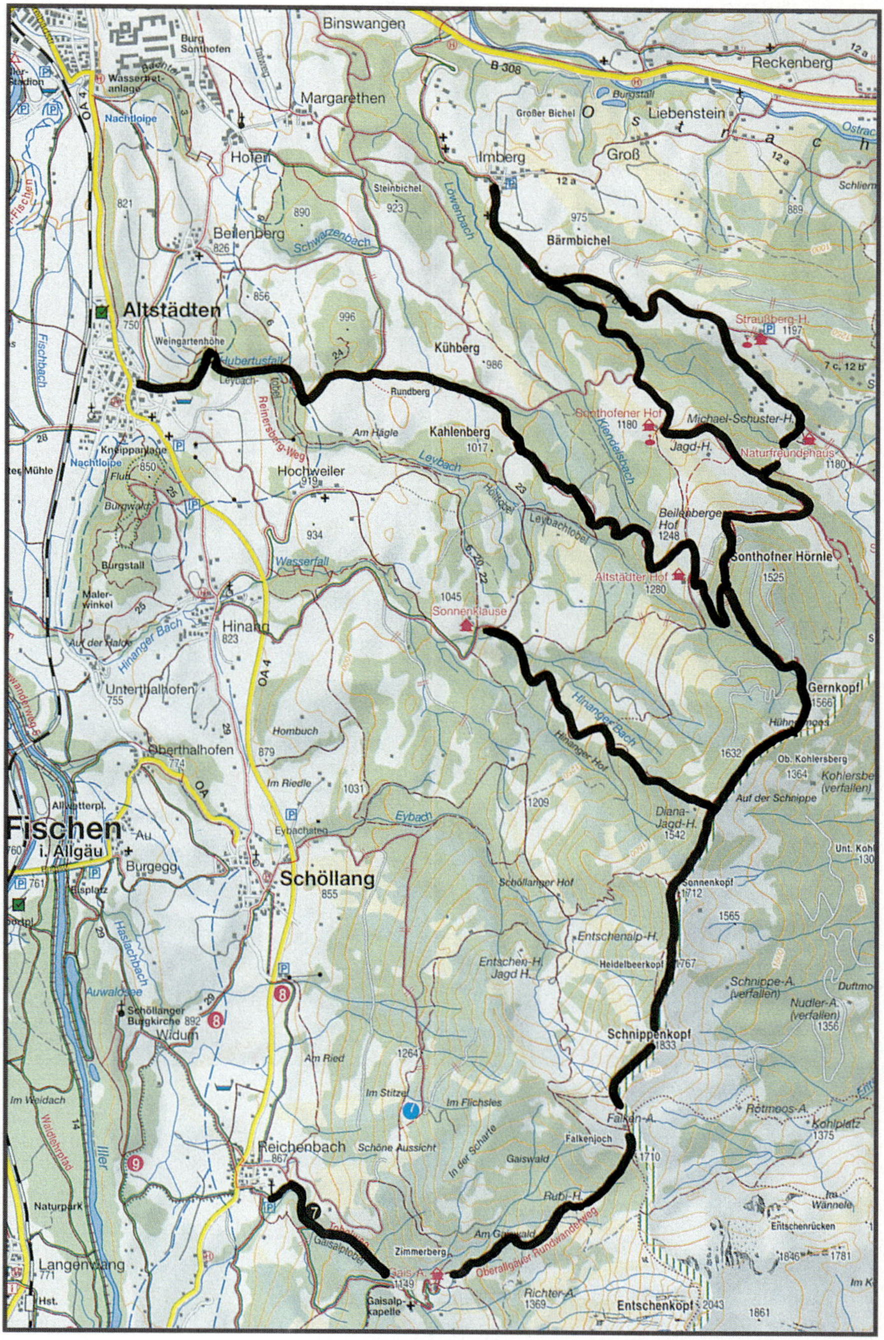
Binswangen
Reckenberg
B 308
Margarethen
Liebenstein
Großer Bichel
Imberg
Hofen
Beilenberg
Bärmbichel
Altstädten
Kühberg
Kahlenberg
Hochweiler
Straußberg-H.
Sonthofener Hof
Michael-Schuster-H.
Naturfreundehaus
Beilenberger Hof
Sonthofner Hörnle
Altstädter Hof
Sonnenklause
Hinang
Unterthalhofen
Oberthalhofen
Gernkopf
Diana-Jagd-H.
Fischen i. Allgäu
Burgegg
Schöllang
Sonnenkopf
Schnippenkopf
Reichenbach
Falken-A.
Falkenjoch
Gaisalpkapelle
Entschenkopf
Langenwang
Hinanger Bach
Iller

Die »Sonnenköpfe« (Schnippenkopf, Heidelbeerkopf)

liebtesten Familientouren. Anzumerken wäre noch, daß die gleiche Route auch im Winter als Sktour zu machen ist, wobei man auch östlich ins Retterschwangertal abfahren kann.

Aufstieg ab Reichenbach: Man läßt das Auto am östlichen Ortsrand von Reichenbach stehen (Wegweiser: Geisalpe) und folgt dem bez. Weg zuerst ein Stück über die Fahrstraße zur Geisalpe, bald aber davon links abzweigend immer am orografisch linken Ufer des Geisbaches durch den schönen Geisbachtobel. 15 Minuten vor Erreichen der Geisalpe trifft sich der Fußweg wieder mit dem Fahrweg. Gleichzeitig kommt man aus dem Wald heraus. Hinter dem Gebäude der bewirteten Geisalpe trennen sich zwei Wege: einer führt rechts hinauf zu den Geisalpseen, der ander zum Falkenjoch und Schnippenkopf, diesem folge man. Zuerst geht es über offene Alpweideflächen, dann durch lichten Fichtenwald. Von der Geisalpe bis zum Falkenjoch sind es etwa 1 1/4 Std. Vom Falkenjoch links auf sichtbarem Steig über offenes Gelände zum Schnippenkopf.

Jenseis hinab, in den Sattel zum Heidelbeerkopf, dessen Südrücken hinauf, jenseits hinab zum Sattel des Sonnenkopfes, dessen Südrücken hinauf (oben Kreuz mit schönem Blick nach Sonthofen), jenseits hinab, über oft nasse Wiesenstellen und nunmehr auch durch lichten Baumbestand zum Gernkopf. Diesen nordwestlich hinab zum Altstädter Hof und Abstieg entweder nach Altstädten oder zur Sonnenklause.

Die eingangs erwähnten Aufstiege von Altstädten und Hinang führen auf bez. Weg über die Sonnenklause zum sog. Hühnermooskopf beziehungsweise über den Altstädter Hof zum Gernkopf. Von Schöllang führt ein bez. Weg direkt auf den Sonnenkopf, von Imberg ein bez. Weg zum Strausbergsattel oder zum Gernkopf. Es empfiehlt sich eine Wanderkarte mitzunehmen!

Eine sehr schöne Rundwanderung führt vom Parkplatz des Berggasthofs Sonnenklause südwestlich über Feld- und Waldwege zu der Alpe Schöllanger Hof. Man biegt dann kurz vor der Entschenalpe links hinauf und erreicht so den Gipfel des Sonnenkopf auf direktem Weg. Der Abstieg nordwestlich über die Diana Hütte führt uns wieder zurück zum Parkplatz am Berggasthof Sonnenklause.

TOUR 36

Sorgschrofen (1613 bzw. 1638 m)

Ausgangsorte: Unterjoch (1014 m), Jungholz (1054 m)

Zielort: desgleichen, Überschreitung nur für absolut Trittsichere!

Stützpunkte: unterwegs keine

Höhenunterschied: jeweils ca. 600 m

Zeitaufwand: direkt von Unterjoch über die Zerehöfe ca. 2 1/2 Std., bei Fahrt bis Zererhöfe noch ca. 1 1/2 Std., von Jungholz 1 1/2 Std.

Karte: Zumsteinkarte Nr. 3 Hindelang, 1:35 000

Der Sorgschrofen über den die deutsch-österreichische Grenze verläuft

Beste Jahreszeit: Südseitig schon ab Mai, nordseitig etwa ab Juni bis jeweils Oktober.

Allgemeines: Auf diesem felsigen Berg trifft sich die deutsch-österreichische Grenze bis auf 40 m direkt am Grat zwischen den beiden Gipfeln, danach erweitert sich die Grenzziehung nach Norden wieder soweit, daß noch ein »Spitz« entsteht, in dem die Tiroler Enklave Jungholz liegt. Sie ist mit einem Fahrzeug nur über deutsches Gebiet erreichbar.

Aufstieg von Unterjoch: will man mehr aus dieser Tour machen, läßt man seinen Wagen am Parkplatz in Unterjoch stehen und schlägt den bez. Weg in Richtung Steineberg ein. Es geht an der Kapelle vorbei die geteerte Straße hinauf, die bald östlich abbiegt. Linker Hand liegen nun eine Reihe von Häusern (Steineberg) am Hang des Berges. Man geht der asphaltierten Straße bis zu den beiden Zererhöfen nach, wo sie endet. Hier sind es nur wenige Meter zur österreichischen Grenze. Hinter dem oberen Hof führt ein Weg nördlich über Wiesen hinan, später geht es durch Wald steiler hinauf, bis man über einen freien Hang ansteigend den Grat zwischen Zerer und Zinken erreicht. Weiter nordöstlich ansteigen bis zur letzten Felsenmauer, hier steil zum Gipfel des Zinken (1613 m). Vorsicht bei den letzten Metern! Teilweise ausgesetzt.

Aufstieg von Jungholz: man steigt über die freien Grashänge in der Nähe des großen Skiliftes, auf einem bez. Weg, zum Schluß durch felsiges Gelände, unschwer zum österreichischen Gipfel. Der gesamte Rücken ist unter der Bezeichnung »Sorgschrofen« bekannt. Er hat zwei Gipfel, wovon der auf deutschem Gebiet liegende den Namen Zinken trägt. (1613 m) Ein weiterer Aufstieg zum Hauptgipfel führt von Jungholz - Höfen über die Älpele Alpe (1 1/2 - 2 Std.) Beide Gipfel sind jeweils von Unterjoch und Jungholz leicht zu erreichen und bieten eine schöne Aussicht.

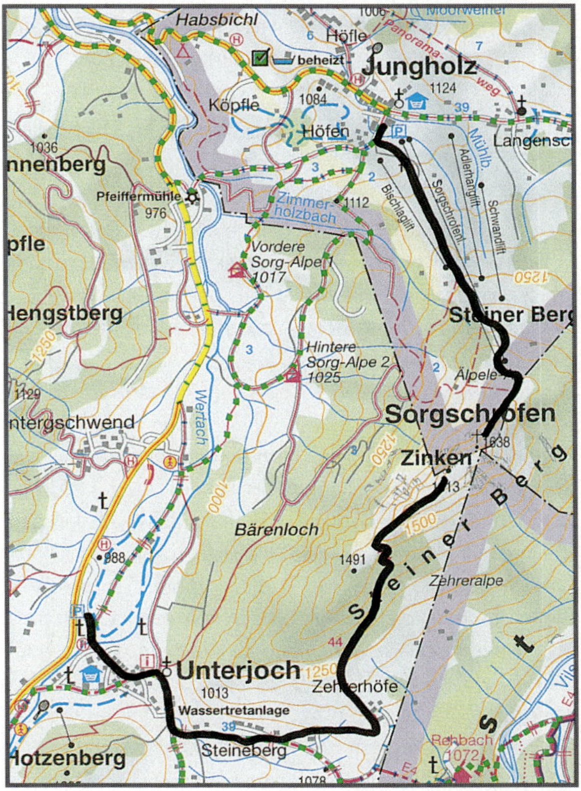

Spieser (1649 m)

Ausgangsorte:	Hindelang (825 m), Oberjoch (1150 m), Obergschwend (1100 m)
Zielort:	desgleichen
Stützpunkte:	Hirschalpe, bewirtschaftet (1500 m)
Höhenunterschied:	ab Hindelang ca. 800 m, ab Oberjoch ca. 500 m, ab Obergschwend ca. 550 m
Zeitaufwand:	von Hindelang ca. 2 1/2 - 3 Std., von Oberjoch ca. 1 1/2 - 2 Std. von Obergschwend 2 Std.
Karte:	Zumsteinkarte Nr. 3 Hindelang, 1:35 000

Beste Jahreszeit: Ab Mitte Juni. Schön ist auch eine Herbstwanderung in diesem Gebiet wegen der Moore zwischen Tiefenbacher Eck und Spieser.

Allgemeines: Der Spieser wird zum Wertacher Starzlachkamm gerechnet, wovon er einen Seitenast zusammen mit Hirschberg und Ornach darstellt. Sein freier Gipfel ist lediglich westseitig, unterhalb des höchsten Punktes, von kleinen Fichten bestanden. Schöner Aussichtsberg, der wegen seiner geringen Höhe und der ungefährlichen Besteigungsmöglichkeit gerne von Familien begangen wird. Gilt auch für Skitouristen als Winterziel.

Aufstieg von Oberjoch: Vom großen Parkplatz geht man westlich zurück bis zum Sträßchen, das zur Alpenklinik hinaufführt. Hinter dem Haus führt ein bez. Weg, zuerst leicht ansteigend, nach Westen, später biegt der Weg im Wald nach Norden ab. Wegweiser zur Hirschalpe folgen! Unterhalb der Hirschalpe trifft man auf den Alpweg, der links von der Jochstraße heraufkommt. Auf diesem zur bewirteten Hirschalpe. Hier besonders schöne Aussicht ins Ostrachtal und den umgebenden Bergen. Oberhalb der Hirschalpe folge man dem Schild Spieser, ein markierter Weg führt über offenes Weidegelände in die Mulde zwischen Ornach und Spieser. Hier links hinauf zum nahen Spieser Gipfel.

Aufstieg von Hindelang: Am östlichen Ortsausgang von Hindelang (vor Jochpaßstraße) biegt man beim Gasthaus »Letzter Heller«

links auf einen bez. Steig, der in den Hirschbachtobel und durch diesen zur Krähenwand führt. Bei der Wegteilung rechts über Weideböden, dann links ausbiegend zum Spieser. Eine weitere Möglichkeit wäre noch von der Jochstraße in der Nähe der 1000 m Meereshöhen-Tafel links in den Fahrweg einzubiegen, der zur Hirschalpe hochführt. Hier Sperrschild, begrenzte Parkmöglichkeit. Dann zu Fuß dem Fahrweg nach, was aber nicht so schön ist, wie die beiden bisher beschriebenen Aufstiege.

Variante von Sonthofen: Die längste Route! Von Sonthofen östlich nach Walten, Unterried und Breiten hoch. Wegweiser beachten. Hinter Breiten den Alpweg weiter bis zu dessen Ende am Bildstöckl. Nun rechts ab und in etwa dem Grat nach, teilweise durch Wald, zum Tiefenbacher Eck (1517 m). Nun weiter über offenen Weideböden bis zum Roßkopf. Hier rechts ab und über sichtbaren Pfad vom Nordwesten her auf den Spieser. Falls gleicher Rückweg geplant, kann das Auto in Breiten stehen gelassen werden. Man spart dann den Aufstieg auf der Fahrstraße.

Aufstieg von Obergschwend: Ab Parkplatz beim Spieserlift folge man dem Weg über die Piste nach oben. Am Steinpaßsattel biegt er rechts ab zum nahen Gipfel.

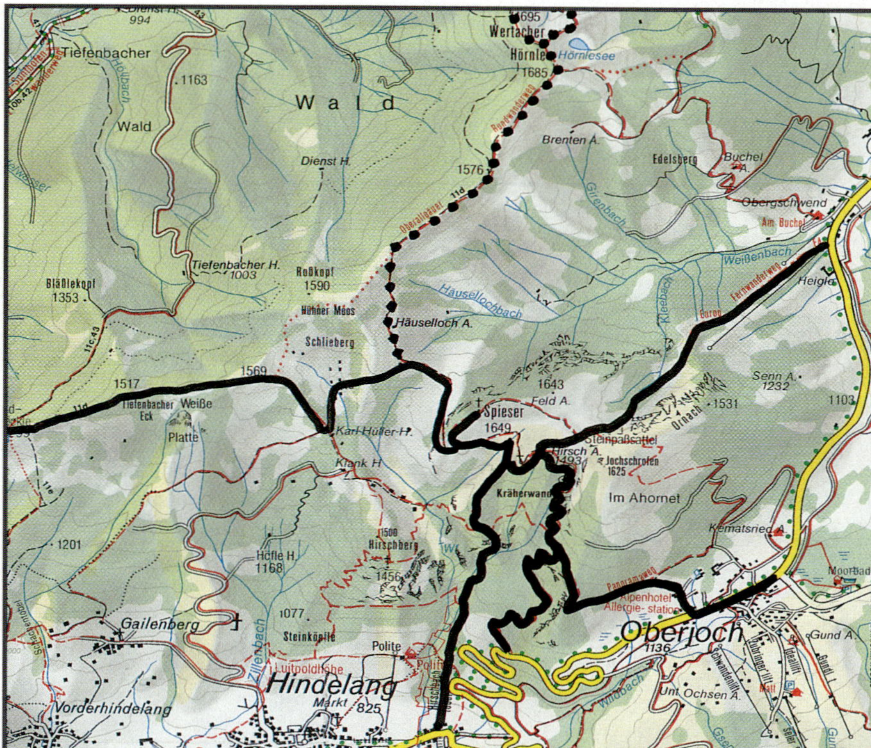

Thaler Höhe (1166 m)

Ausgangsorte:	Zaumberg (865 m), Parkplatz Schlettermoos (ca. 900 m), Ratholz (732 m), Wiedemannsdorf (750 m)
Zielort:	desgleichen, weitere Abstiege sind nach Missen, Wiederhofen, Salmas und Bad Oberstaufen möglich
Stützpunkte:	Siedelalpe (1000 m), Pfarralpe (1050 m), Neuschwandalpe (1070 m)
Höhenunterschied:	zwischen 300 und 400 m
Zeitaufwand:	von Zaumberg ca. 1 1/2 Std., ab Schlettermoos 1 1/2 Std., von Ratholz 1 1/2 Std., von Wiedemannsdorf über Schneiders Alpe ca. 1 1/2 - 2 Std.
Karte:	Zumsteinkarte Nr. 6 Immenstadt - Sonthofen, 1:30 000

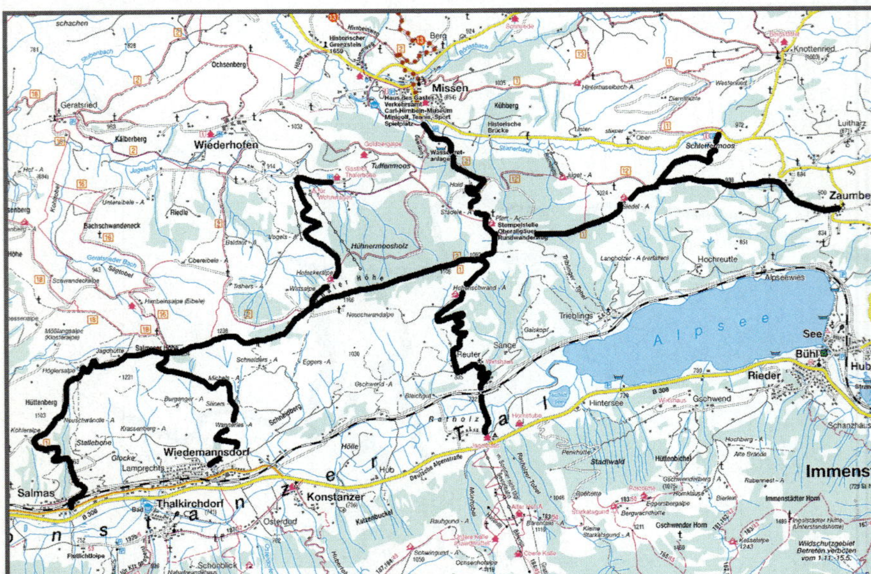

Beste Jahreszeit: Mai bis Ende November.

Allgemeines: Diese wunderschöne Wanderung über den Nagefluhrücken nördlich des Großen Alpsees ist leicht zu machen und bringt schöne Ausblicke nach Süden und Norden. Hier kann wieder die ganze Familie mitgehen. Mit einiger Ausdauer ist sogar der Bahnhof in Oberstaufen zur Rückfahrt erreichbar.

Der Aufstieg von Zaumberg folgt man der Beschilderung Siedelaple nach Westen. Der Weg führt meist über freie Alpflächen zur Thaler Höhe, wobei man zur Pfarralpe einen kleinen Einkehr Abstecher machen kann.

Ab Schlettermoos bringt uns der Weg durch eine Hochmoor- und Waldlandschaft in kurzer Zeit zur Siedelalpe und weiter wie oben.

Von Ratholz folgt man dem Alpweg zur Hohenschwand Alpe, von dort dem Pfad zum Höhenrücken östlich der Thaler Höhe und westlich abbiegend zum Gipfel. Wiedemannsdorf verläßt man in nordöstlicher Richtung und kommt über die Alpen Schmiedberg und Schneiders Alpe auf den Grat westlich der Thaler Höhe.

Der Große Alpsee, bei Immenstadt, mit dem Thaler Höhenzug

Walser Geißhorn (2366 m)

Ausgangsorte: Bödmen im Kleinwalsertal (1158 m)

Zielort: desgleichen oder über Mindelheimer Hütte (2058 m) nach Mittelberg oder ins Rappenalptal und nach Oberstdorf

Stützpunkte: Mindelheimer Hütte (2058 m), Fluchtalpe (1390 m), Bernhards Gemstelalpe (1300 m), Hintere Gemstelalpe (1320 m), Innere Wiesalpe (1298 m), Untere Wiesalpe (1260 m)

Höhenunterschied: ab Bödmen ca. 1200 m

Zeitaufwand: durch das Gemsteltal ca. 3 1/2 - 4 Std.

Karte: Zumsteinkarte Nr. 5 Kleinwalsertal, 1:25 000

Beste Jahreszeit: Juli bis Oktober. Im Frühjahr Skitour.

Allgemeines: Das Geißhorn der Schafalpengruppe ist ein botanisch interessanter Berg, der jedoch auch wegen seiner guten Aussicht gerne bestiegen wird.

Aufstieg von Bödmen: Auf bez. Weg hinab zur Breitach-Brücke und jenseits im Gemsteltal südwärts, an der Vorderen und Hinteren Gemstelaple vorbei bis zum Talschluß. Nun steil in Kehren durch die Felsmauer hinauf zum »gschprengten Weg«. Hier eindrucksvoller Tiefblick auf den in der Klamm unten schäumenden Gemstelbach. Weiter zur Oberen Gemstelalpe (1692 m). Bis hierher ca. 2 Std. An der Rückseite der Alphütte führt jetzt der bez. Weg weiter nach Südosten, zunächst über den Gemstelbach, dann mäßig steil zur Sterzerhütte, einer unbewirtschafteten Jägerhütte. Daran vorbei, immer Richtung Mindelheimer Hütte bis zum höchsten Punkt des Anstieges. Vorher kleiner See. Nun geht es geradeaus zur Mindelheimer Hütte über den sgn. Schwabengrat. Zum Geißhorn aber wendet man sich links hinauf in nordöstlicher Richtung auf einem deutlichen Steig (Steil!). Von dem genannten Punkt (Gabelung) sind es bis zum Gipfel noch etwa 40 Minuten bis 1 Stunde.

Variante: Aufstieg von Mittelberg oder Bödmen zur Mindelheimer Hütte (2058 m) durch das Wildental. Der Weg bis zur Fluchtalpe (1390 m) führt dabei nur mäßig steigend hoch, erst östlich der Hütte wird er steiler und endet schließlich in Serpentinen, die auf die

Das Walser Geißhorn im Kleinwalsertal

Kempter Scharte (ca. 2080 m) leiten. Von hier leicht bergab zur nahen Mindelheimer Hütte. Nun in südwestlicher Richtung zuerst in eine Mulde und von dort in Serpentinen ansteigend in einen Geröllkessel und schließlich zum vorher schon erwähnten Schwabengrat. An der Stelle des Weiterweges, an der zum ersten Mal der Große Widderstein in voller Größe sichtbar wird, biegt dann der vorher beschriebene Pfad, diesmal nach rechts, aufwärts ab (Steinböcke!).

Abstieg wie Aufstieg. Am schönsten ist eine Rundwanderung in der geschilderten Weise mit Aufstieg und Variante.

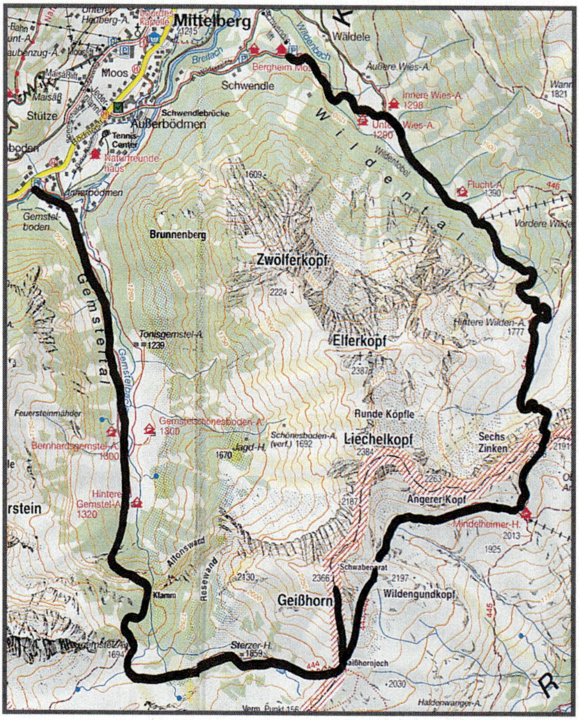

40 Wertacher Hörnle (1695 m)

Ausgangsorte:	Wertach (915 m), Hindelang (825 m), Unterjoch (1013 m), Sonthofen (742 m)
Zielort:	desgleichen
Stützpunkte:	Alpe Schnitzertal (1400 m), Hirschalpe (1493 m)
Höhenunterschied:	von Wertach (Parkplatz Königssträßchen (1040 m)) ca. 600 m, von Hindelang ca. 800 m, von Unterjoch ca. 600 m
Zeitaufwand:	Parkplatz Königssträßchen über Alpe Schnitzertal 2 - 2 1/2 Std., ab Hindelang über Hirschbachtobel ca. 3 - 4 Std., ab Unterjoch über Obergschwend ca. 2 1/2 Std., ab Sonthofen ca. 4 - 5 Std.
Karte:	Zumsteinkarte Nr. 3 Hindelang, 1:35 000

Beste Jahreszeit: Ab Mitte Juni möglich.

Allgemeines: Obwohl das Wertacher Hörnle keine große Meereshöhe aufzuweisen hat, wird es doch gerne und häufig begangen. Keiner der Anstiege erfordert alpine Erfahrung, weshalb die Tour einlädt, die ganze Familie mitzunehmen. Die Aussicht reicht nach Norden ins »Unterland» besonders weit. Zur Zeit der Alpenrosenblüte ist der Gipfel besonders lohnend, da an seinem Osthang einer der schönsten Alpenrosenbestände des ganzen Allgäus zu finden ist. Besonders hübsch auch der Hörnlesee unterhalb (östlich) des Gipfels, allerdings nimmt sein Wasserstand ständig ab.

Aufstieg vom Königssträßchen: Vom Parkplatz den gut sichtbaren Wegweisern nach zunächst zur Alpe Schnitzlertal. Bis hierher ist es ein Alpweg. Kurz vor der Alphütte biegt der Pfad links ab und führt steil über Weideflächen über den Nordostrücken zum Gipfel. Alpe Schnitzlertal ist bewirtschaftet. Von der Hütte zum Gipfel sind es nurmehr ca. 40 Minuten. Es gibt auch noch einen direkten Anstieg von Wertach, der aber eine etwas größere Ausdauer erfordert. Er führt kurz nach dem westlichen Ortsausgang links ab und über die Bremenloch Futterhütte zum Gipfel (markiert). Mit 4 Stunden Gehzeit ist zu rechnen.

Der Aufstieg von Hindelang aus: Am östlichen Ortsausgang zweigt beim Gasthaus »Zum letzten Heller« ein markierter Weg links ab, der in den sehenswerten Hirschbachtobel und durch diesen hinauf in den Sattel zwischen Hirschberg und Spießer geht. Bis hierher etwa 2 Std. Nunmehr durch eine leichte und oft nasse Senke nordwärts in Richtung auf den Roßkopf. Jetzt ohne Schwierigkeit über sanft ansteigende Wiesenhänge, etwa in Gratnähe des Bergrückens bis zum Gipfel. (Markierung des Oberallgäer Rundwanderwegs)

Aufstieg ab Sonthofen: Über Walten, Unterried und Breiten (hierher auch mit dem Auto), hinter Breiten führt der (gesperrte) Alpweg noch bis zum Bildstöckl, wo zugleich der Grat des Bergrückens erreicht ist. Nunmehr rechts ab, etwa dem Grat nach durch lichten Wald zum Tiefenbacher Eck, und weiter bis zum Roßkopf. Dann wie oben zum Gipfel. Sehr weit!

Aufstieg von Unterjoch: Bis Obergschwend können wir fahren, dort Wagen am Parkplatz abstellen und über markierte Wege (zuerst kleiner Fahrweg bis Buchelalpe) ohne Schwierigkeiten zum Gipfel. Dieser Anstieg ist in etwa auch der Winteraufstieg von Unterjoch.

Das Wertacher Hörnle

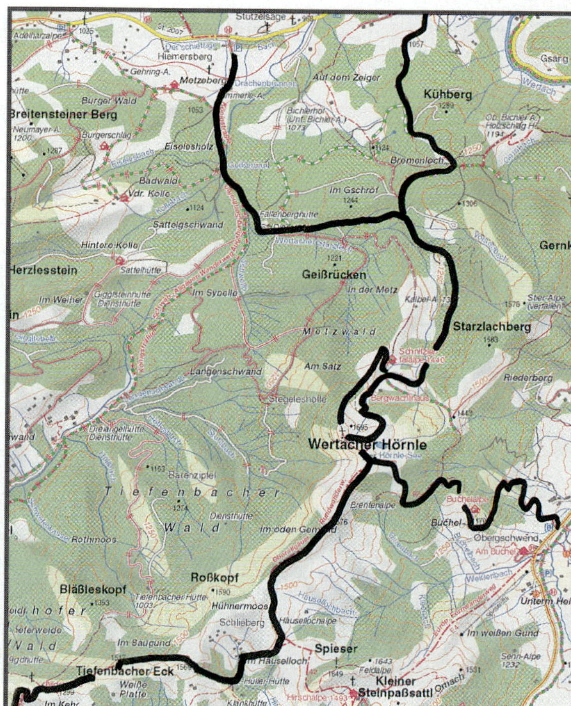

TOUR 41

Widderstein (2536 m)

Ausgangsorte:	Baad (1250 m), Bödmen (1158) im Kleinwalsertal Hochkrumbach (1600 m) am Hochtannbergpaß
Zielort:	desgleichen, Übergang zur Mindelheimer Hütte möglich
Stützpunkte:	Obere Widderstein Alpe, bewirtschaftet (2010 m)
Höhenunterschied:	von Baad ca. 1300 m, von Bödmen ca. 1400 m, von Hochkrumbach ca. 900 m
Zeitaufwand:	von Baad ca. 4 - 5 Std., von Bödmen ca. 4 - 5 Std., von Hochkrumbach ca. 2 1/2 Std.
Karte:	Zumsteinkarte Nr. 5 Kleinwalsertal, 1:25 000

Blick auf den nebelverschleierten Widderstein, von der Unteren Widderstein Alpe aus

Beste Jahreszeit: Juli bis September.

Allgemeines: Der Widderstein ist einer der schönsten Gipfel des Allgäuer Kammes. Er wurde schon 1054 urkundlich erwähnt und dies ist wohl der älteste deutsche Name eines Hochgebirgsgipfels! Der Berg besteht aus Dolomit und bildet ein eigenes Massiv, dem andere Gipfel vorgelagert bzw. angehängt sind (Kleiner Widderstein, Bärenkopf). Wegen der einmaligen Aussicht und der angenehmen Ersteigungsmöglichkeit wird der Widderstein sehr häufig begangen. Über den sichtbaren Bodensee schweift der Blick bis in den Schwarzwald. Grandios auch der Tiefblick ins Kleinwalsertal. Es gibt mehrere Aufstiegsmöglichkeiten, doch sollten hier nur jene beschrieben werden, die man ohne Kletterkenntnisse absolvieren kann.

Aufstieg von Bödmen: Man läßt das Auto vor der Breitachbrücke stehen und nimmt den bez. Weg in das Gemsteltal, genau südlich. Zuerst eben zur Vorderen Gemstelalpe. Weiter über die Hintere Gemstelalpe, danach steil die das Tal sperrende Felswand hoch zur Oberen Gemstelalpe (1692 m). Dahinter zweigt nach links (ostwärts) ein Steig ab, der zur Mindelheimer Hütte führt. Man geht südlich weiter, über offenes Weidegelände steil ansteigend bis zum Gemstelpaß (2007 m). Vor ei-

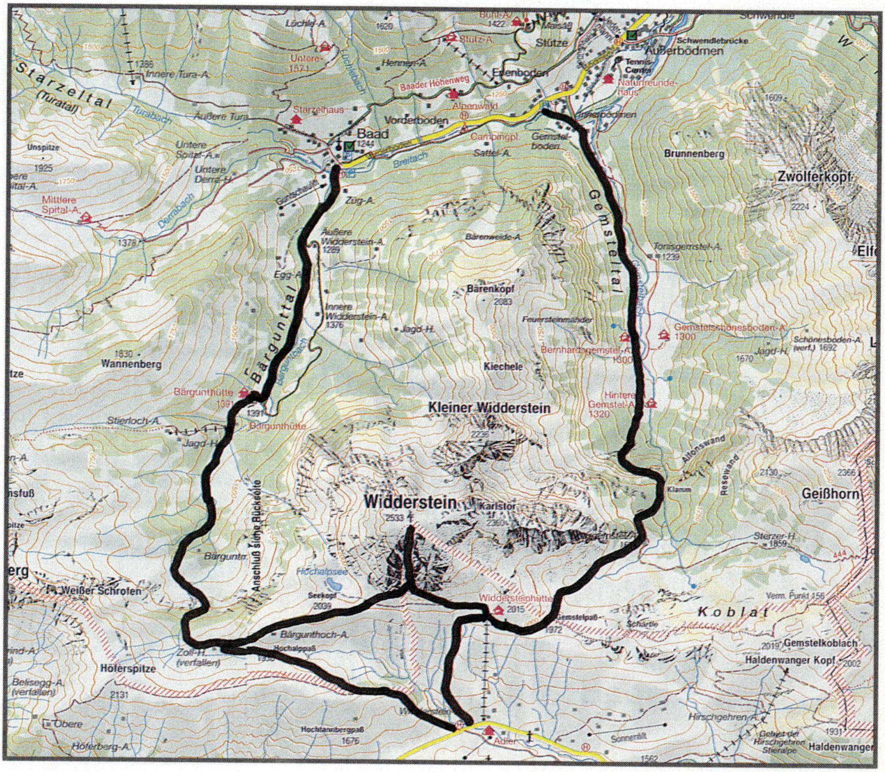

Schneereste halten sich noch bis lang in den Frühsommer

nem breitet sich nun das Arlberggebiet aus. Weiter nach Westen zur Oberen Widdersteinalpe (2010 m) (bewirtet) und westlich ansteigend bis etwa zur Mitte der Südseite des Widdersteins. Etwas unterhalb der vom Gipfel herabführenden Schlucht trifft man auf den Weg, der von Hochkrumbach heraufkommt. Die Schlucht nun über Platten und Bänder steil hoch zum Gipfelgrat und über diesen unschwer zum aussichtsreichen Gipfel. Vorsicht auf Steinschlag!

Aufstieg von Baad: Man läßt das Auto am großen Parkplatz in Baad stehen und wendet sich über die Breitachbrücke südwärts in das Bärgundtal. Dieses aufwärts folgend trifft man, dabei den Widderstein auf seiner Westseite nach Süden umgehend, jenseits des Hochalppasses (1938 m) bald auf den Steig, der von der Oberen Widdersteinalpe aus östlicher Richtung kommt. Nun auf deutlichem Steig zur Südwand und wie vorher zum Gipfel. Sehr schön ist eine Umrundung, beginnend in Bödmen mit Abstieg nach Baad, wobei der Gipfel leicht mitzunehmen ist.

Aufstieg von Hochkrumbach: Zwischen den Häusern von Hochkrumbach und der eigentlichen Paßhöhe findet man beim Gasthof Adler einen deutlichen Pfad. Er führt über die breiten Weideflächen hinauf zur Oberen Widdersteinalpe, wo er auf den Weg von Bödmen trifft.